英語、書けますか

TAGAKI®（多書き）のすすめ

松香洋子

mpi
Plant your future

はじめに

「英語で自分を表現できるようになりたい！」
「英語で自分から発信できるようになりたい！」
そんなことを思っている皆さんに『英語、書けますか―ＴＡＧＡＫＩ（多書き）のすすめ―』をお届けします。

私が考えた英語の新しいライティング教材のＴＡＧＡＫＩは
考える↓書く↓伝える
これを30回繰り返し、
次の段階へ上がっていく。
そんな学習法です。

ＴＡＧＡＫＩは誰でも、無理なく、始めることができます。

初めは10語前後の英文を書きます。

運動に例えると、まずは10メートル走ることができればよい、という感じです。

初めに10語が書けたら、20、30、40、50と徐々に書く語数を増やしていきますが、やり方には丁寧に足場かけ(scaffolding)がしてあります。

どうしてこれが楽しく継続できるのか?

それは自己啓発だからです。自分がわかり、英語もできるようになります。

そしてその結果を他者に伝えることができるようになります。

英語ですから、その結果を世界中の人に伝えることができます。

世界に羽ばたきたい皆さんに翼をさしあげたい、それが著者の願いです。

皆さんのチャレンジが上手くいくように応援しています。

松香洋子

第3章　TAGAKI 10〜50 のやり方・進め方……71

TAGAKI 20のやり方・進め方……106

第1章

新しいライティング教材の誕生

1 TAGAKIとは何か？

TAGAKIとは、一言で言えば、「英語で自分を表現することを学ぶための、ボルダリング競技みたいなもの」ということです。

つまり、足場を使って自分で登っていかなければなりません。学習仲間や指導者は、声かけをしたり、励ましたりはできるけれど、一緒に登ることはできません。

足場は、2種類ある

例えば青色の足場は、**メンタル面**。

例えば赤色の足場は、**英語面**。

この2つの足場を使って登っていくことで、絶壁を登り頂上に達することができます。この登りは大変かもしれませんが、楽しいものです。自分のペースで自分と戦い、自分の到達点を見極めながら、登っていくことが可能だからです。

どうして2種類の足場が必要かというと、多くの日本人が抱えている英語で自分を表現する時の「ためらい」や「無自覚な感情」を整理しないと、英語面だけを鍛えても、頂上に登れないからです。

私はこれまで英語を指導してきて、長年に渡り、どうして日本の子ども達は自分の感情や考えをはっきり述べることができないのか、ということについて悩んできました。それは小学生、中学生、高校生、大学生も。そして社会人にも言えます。その葛藤の答えは、「日本人の学習者にはメンタル面を鍛えることと、英語面を鍛えることの2つの側面が必要である」ということです。

TAGAKIの段階は？

TAGAKIにはTAGAKI 10、20、30、40、50の5つのステップがあります。

数字は何を表しているか？

英語を書く量を表しています。TAGAKI 10では、1文で10語(10 words)前後を書いていきます。その後20、30、40、50と増えていくのですが、10語前後を1つの最小単位とし、それを段々に積み重ねていきます。

学習者の対象年齢は?

英語の「多読」という学習法に対象年齢がないように、TAGAKIにも対象年齢はありません。何歳からでも始めることができます。つまり、小学生、中学生、高校生、大学生、社会人の誰にでも使って頂くことができます。そして、シニアの方にも楽しく話し合いながら、使って頂けます。但し、どの年齢の方にも、TAGAKI 10から始めて頂きたいと強く願っています。TAGAKIの趣旨を理解し、その効果を実感して頂くにはそれが最良の方法だからです。

一応の目安として、英語教室等での対象学年は、TAGAKI 10を小学5年生で始めると、20を小学6年生、30を中学1年生という具合に使って頂けます。

その理由は、TAGAKIを始める前に英語の基礎的な音声が既に入り、それをフォニックス等を用いて文字化ができるというレベルから始めるのがよいからです。

もう1つの理由としては、一般的に小学5年生位から客観的に物事が考えられるようになります。それと同時に反抗期に近づき徐々に口が重くなり、急速に日本人特有の周囲に気を遣って自身の発言を制限する行動をし始めるので、この年齢あたりから始めるのが「文字から音声へ」のプロセスにぴったりだからなのです。

何を書くのか？

ＴＡＧＡＫＩ 10から50まで、それぞれのステップに30の話題（topics）があります。５つのステップがありますから、全部で１５０トピックです。自分のことから始まり、他者のこと、日本のこと、世界のことなど様々な話題について書いていきます。

どのようなトピックを選んだかと言えば、１つには世界の人々と交流をするための「普遍的なトピック」。もう１つは「人生に必要なトピック」です。つまり、学習者が自分のこと、周囲のこと、日本のこと、世界のことに徐々に視野を広げ、日常生活の中や世界の人々と交流したりする場面で自分の本心が語れるよう、心に迫るトピックを選んだつもりです。

どのようにしてトピックを選んだかと言えば、様々な参考文献を調べ、テレビ、新聞、書籍、雑誌を見ては常にトピックについて考えた歳月でした。著者としてはこのトピック探しが最も苦しい、そして最も楽しい作業でした。

今までの英作文とどう違うのか？

「ＴＡＧＡＫＩ」というタイトルにこのシリーズの想いを込めています。これまでの英作文の教材とは違います。和文英訳でない、穴埋め問題でない、文法学習のための書き換えでない、語順を学ぶための並べ替えではない、ＴＡＧＡＫＩです。

これまでの英作文指導は、和文英訳に代表されるように、内容が既にそこにあり、学習者の考え、意見とは関係なく進められてきました。穴埋めや並べ替えなどの手法が多用されてきたのは、採点上の都合が多かったと思われます。

いざ自由に自分の意志で英作文を書かせると、間違いだらけの英語や、何を言いたいのかわからない構成に指導者は大いに悩まされ、添削のために膨大な時間を費やします。これまで日本で行われてきた英作文教育が成功に終わっている例があるとしたら、それは指導者の献身的な添削によるものと断言できます。このような時代はもう終わらせなくてはならないのです。

また、これまでの指導の全ては「英語の正しさ」「正解」にありました。英語の正しさは、コミュニケーションが成立するレベルまでは引き上げなくてはなりません。しかし、それはまず英文法を教えるという意味ではありません。英文法の学習というのは、「英語について」の学習で終わりがちです。大切なのは、表現したい内容が初めにありきで、そのために必要な文法事項は必要に応じて自然に使用されるべきなのです。

なぜTAGAKIという名前なのか?

TAGAKIを日本語で書けば勿論「多書き」です。それぞれのステップで、30トピック書いていく、という意味では「多書き」です。確かにたくさん書きますし、書き写すことも多いです。英語の学習法に「多読」というものがあります。多読では、学習者が自分で読む本を自分で選び、自力で読んで、その体験を通して英語を学んでいきます。

TAGAKIは、この多読の学習法に似た部分があります。しかし、ただ単にたくさん書けばよいというわけではなく、日本人の学習者がTAGAKI 10から始め20、30、40、50と上へ、上へと登っていくために足場かけを上手に利用して書いていくことが必要です。「たくさん書く」というと、同じ単語を100回ずつ書くとか、同じ英文を10回ずつ書くといったことを思い浮かべる人がいるかもしれませんが、TAGAKIの場合の「たくさん書く」は「考えて自分の想いを書く」「30の異なったトピックについて書く」「それが終わったら次のレベルへ上がる」というものです。つまり、上へ、上へと「たくさん書く」なのです。

考える、書く、伝えるとは?

TAGAKIで大切なことは「考える→書く→伝える」の順番で学習を進めることです。

まずは考えることが大切です。これは一体どんなトピックなのだろうか、自分はそのトピックについてどう思っているのだろうかと自立的に考えてほしいのです。

次に静かに書きます。自分の心と相談しながら、自分の思いを頭で整理して書きます。書いたことは全て記録に残ります。ですから自分の進歩を自分で見届けられ、書いた内容は他者とシェアすることも楽にできます。

そして最後に書いたものを音声化して伝えます。1人で学習する場合は、伝える相手がいないなどと思わず、書いたものを暗記し、声に出してぶつぶつ言う習慣を身に付けたいものです。それを続けるだけでも、会話する、面接を受ける、プレゼンをするという場面が突然来ても対応することができるでしょう。

私がいつも思い出すのはオランダの高校生達です。私がオランダで英語教育について研究していた時、当時のオランダの高校では、生徒がかなりの頻度でエッセイを書かされていました。あまり口頭練習はしないのですが、いざとなると生徒は自分の考えを、ややとつとつとではありますが、しっかりと述べることができるのです。

ペアやグループでＴＡＧＡＫＩを学ぶチャンスがあれば、この伝えるという部分の練習は十分にできることでしょう。

なぜ正解も訳も載せていないのか？

ＴＡＧＡＫＩでは、正解を示していません。単語、フレーズ、英文の日本語訳も載せていません。なぜでしょうか？

なぜ正解を示さないのかというと、正解は学習者が持っているからです。ヒントに出ている入れ替え用の単語、フレーズ、文を入れるだけでも正解は多数できます。もし、学習者がヒントにない単語、フレーズ、文を入れたら、正解は何通りにもなり正解を示すことは不可能です。

なぜ単語、フレーズ、英文の日本語訳を示していないのかというと、ヒントのイラストを見て自力で意味を考える癖を付けてほしいからです。常に日本語訳があるテキストばかりを使っていると、それに頼るという悪い癖が付いてしまいます。自分で考えることが何より大切です。そして英語は日常生活の中にもたくさん入ってきているので、自分が知っていることを確認するのも大切です。

日本式の英語学習の弊害として、直訳という問題もあります。思い浮かんだ日本語を英語にそのまま訳すことは無理です。日本語と英語は発想も違う言語ですし、母語である日本語と、外国語として学ぶ英語とでは習得のレベルも違います。英語ではなるべく平易な英語で、わかりやすく表現すればそれでよいのです。教養があることを示す難しい日本語を難しい英語に訳すことは、まだまだ先のことです。また、英語を１つ１つ日本語に訳し、その訳し方に事細かにこだわるのではなく、是非TAGAKIでは、英語を英語のままで学んでほしいのです。

なぜ単語やフレーズを提示しているのか?

TAGAKIでは、「始めから自分の意志で、自分の言いたいことを書く」ということを奨励すると言いながら、どの段階でも入れ替え単語やフレーズを提示しているのはなぜかと思うかもしれません。ヒントも示さずに全て空欄にしておけばよいという意見があるかもしれませんが、英語と日本語という2つの言語間に大きな違いがある以上、それは不可能というのがTAGAKIの考え方です。

例えば、英語の名詞には、a, an, the, my, your, his, her, its, our, their等のどれかが付いたり、単数になったり複数になったりします。名詞の他にもin, on, at等の前置詞も日本人にはよくわかりません。過去形と現在完了形の使い分けも難しいです。このようなことに日本人が対処することは考えても解決しないことばかりで、とても難しいことです。

そこでTAGAKIシリーズでは、書き写せば間違いが出ないようにヒントや例を出して足場かけをしています。つまり正しい例をたくさん見て、英語の大原則を守りながら英語を書くことが大切と考えています。

なぜ教えないのか？

アクティブ・ラーニング(Active Learning)という言葉を知っていますか？これは「学習者が能動的に学ぶ」ということを意味しています。

具体的に例を挙げれば、

「今日は○○について勉強します」

「○○ページを開けてください」

「今日のキーセンテンスを覚えましょう」

「CDを聞いてみましょう」

「単語を覚えましょう」


というような指導をやめることです。

それではどうしたらよいのでしょうか？


学習者が自分で学ぶページを開く。

今日のトピックは何かを自分で考える。

単語やフレーズを見て自分が何を言いたいかイメージを膨らませる。

知らない単語やわからない文があったらグループ内で教え合って解決するか、自分で調べる、といったことを指導者は支援者(facilitator)としてサポートするだけです。

なぜ添削しないのか？

私が挑戦したのは、「添削しない英作文の学習法」です。

添削には、全文を書き直すほどの添削と、スペリングや文法の軽い間違いをチェックするだけの添削の両方があります。

なぜ「書き直す」という意味の添削をしてはいけないのか？

オーバーな表現で言えば、学習者の「尊厳」を尊重するためです。学習者が書く内容は学習者自身が持っています。指導者は学習者に代わって内容を書くことはできません。学習者が書く内容は「神聖」なもので、「立ち入り禁止」です。

しかし、ＴＡＧＡＫＩ 10、20であれば、書き写しの間違えがないかどうかはチェックする方がよいかもしれません。あるいは学習者同士でチェックするのもよいかもしれません。

ＴＡＧＡＫＩ 30では、文法的な問題も扱っているので、英語ができる人がチェックした方がよいでしょう。または、可能であれば、学習者同士でチェックするのもよいでしょう。

ＴＡＧＡＫＩ 40、50では、学習者が創造性や独自性を発揮する場面が出てくるため、チェックはより困難になることは確かです。それでも「添削」という名目で学習者が書いたものを指導者が書き直すことは避けてほしいと考えています。それは指導者の英作文になってしまうからです。

それでは、「添削しない英作文」というのはどういう意味かというと、必要な足場かけをすることにより、正しい、通じやすい英文が書けるように誘導しているということです。この誘導のために、書き写しも多くなっていますが、自由に書いてもらう箇所を限定することによって添削しない英作文が可能になっています。

2 TAGAKIができるまで

このTAGAKIという新しい学習法がどのようなきっかけで生まれたのか、そしてそれがどのような過程を経て形になったのかを紹介します。

モンゴルで

私はある年の夏、モンゴルのウランバートルで3冊の英語のテキストを買いました。この3冊のテキストには、様々な話題についての英文の見本とモンゴル語の訳が載っていました。3冊合わせると600程のトピックがあり、ごくやさしい日常的な話題から、徐々に深く考える話題まで、ひたすら例文が載っていました。しかし、このテキストの表紙も解説も最初の2冊は全てキリル文字(ロシア語に使われている文字)で書かれているので、全く何もわかりませんでした。後日、モンゴルの方に解説文を読んで頂いたのですが、どのように使うものかは判明しませんでした。しかし、私はこのテキストを見た時に、ビビッときたのです。「そうだ、これだ！世界中の人達はみんな同じ話題について考えている。そしてそれを英語で表現できれば、世界中の人達と繋がることができる！」

イギリスで

その後、私はイギリスへ行きました。大きな本屋へ行って英語を書くためのテキストを買い集め、小学校で教諭をしているイギリス人と話をしました。そこでわかったことは、イギリスの子どもは、

まず、アルファベットを覚える。
次に、フォニックスを学ぶ、英語を書き写す。
そして、2年生位から作文をしていく。

勿論、これは英語という言葉が環境にある場合の教育ですから、英語を外国語として学習する日本とは事情が違います。常に英語が聞こえてくる、自分でしゃべる、読むという環境に

いれば自然に添削機能が働き、書かせれば書かせるほど上手になるわけです。

オーストラリアで

次に、私はオーストラリアへ行きました。またまた大きな書店へ行き、英語を書くためのテキストを買いました。そこで得たのは、NAPLAN(The National Assessment Program – Literacy and Numeracy)というオーストラリアの共通学力テストのための準備テキストでした。やはり英語を母語とする子ども達のための教材ですから、「書く」というのはスタイルを学ぶことでした。

例えば小学校5年生用では、

・Persuasive Writing(説得するために書く)
・Recount Writing(報告するために書く)
・Narrative Writing(創作して書く)
・Discussion Writing(話し合いのために書く)
・Procedural Writing(説明するために書く)

さすがにレベルが高いのですが、何のために書くのか、誰に対して書くのかをはっきりさせて「書く」ことを極めていく内容で、その語数は300語程度ありました。

そこで私が考えたことは

日本人の学習者は、
ごく日常的で自然な英語にたくさん触れる必要がある。

やさしいレベルから始める必要がある。

自分の立場をはっきりさせて、初めから自分の意志で書いていく必要がある。

同時に英語そのものを学んでいく必要がある。

私がこれまで様々な年齢の人に英作文を教えたり、日本の子ども達にフォニックスを教えた経験を通し学んだことを生かして、日本人のためのテキストを作る必要がある。

私はこれまで長年に渡り「音声から文字へ」という主張を繰り返してきたが、次の段階としては「文字から音声へ」が必要である。


ここでＴＡＧＡＫＩの誕生です！

トライアル版にトライ！

ＴＡＧＡＫＩ 10から50が誕生するまで、およそ3年の歳月を費やしました。著者が生みの親だとしたら、子ども達が育ての親でした。出版に至るまでの期間、学ぶ側の助けが大いに必要でした。

ＴＡＧＡＫＩは新しい試みでしたので、学習者に何度も取り組んで味わってもらい、何度もダメ出しをしてもらい、何度も疑問を持ってもらい、そして少しずつ書くことで、書けるようになってきたことを自分で感じてもらうことが必要でした。

そこで、学習者に試してもらうため「トライアル版」を制作しました。トライアル版（ＴＡＧＡＫＩの原型）は30～50語からスタートし、中学生１人と社会人２人にトライしてもらいました。楽しい話題をたくさん用意して、自由に書いてもらいましたが結果は間違いだらけで、文法の間違いから、スペリングの間違いまでいろいろありました。楽しんでくれているのはわかるのですが、これには困りました。特に問題だったのは一度間違えて覚えた所が化石化するため、何度も何度も同じ間違いが繰り返されるということでした。どうにかしてこれを防がなければなりませんでした。

そこで10語から始めてみることにしました。書きたくなるトピックを選び、選びたくなる選択肢を考え、実際に使う表現を自然に体得させることを狙いました。このトライアル版にトライしてもらったのは小学４年生から高校２年生までです。やり方を説明した後は１人で時間を計り、間違いは気にせずに書く、という条件でトライしてもらいました。

その時の感想は、

「先生もお母さんも横から口出ししないから楽しい」

「何を書いても間違えないからうれしい」

「初めは面倒くさかったけれど、5枚目位から簡単に感じた」

「最初は(1枚)5分かかったけれど、3分で書けるようになった」

「知らない単語もあったけれど、書いているうちに知ってる感じがしてくる」

反対に厳しい意見もありました。

「男の子用(女の子用)みたいなトピックは書きにくい」

「はみ出しちゃうような長い単語は書きたくない」

「どうやって発音するかわからないと書けない」

「何回も同じ単語は嫌だ」

中学生にもやってもらいましたが、彼らは反抗期の真っ只中にいます。

「自分が思っていないことを書くのは気分が悪い」

「私はアクティブじゃないのに、どうしてこのトピックについて意見を持たなくちゃいけないの?」

「アルパカって本当に家畜なの？　信じられない」など。
まさに、子ども達が多くを教えてくれました。

学習者達の言葉を全て受け止めよう

ＴＡＧＡＫＩ 10から50まで段階を経て、少しずつ語数を増やしながら学習者が成長するようにＴＡＧＡＫＩを成長させていきました。そのために、トピックの種類を自分と他者、日本と世界など、飽きないように広げていきました。

学習者の気持ちを最大限に尊重し、練習のために嘘を書くということがないように配慮しました。想像力をかき立て、知らないことに興味を持たせ、調べたくなるような、意見を持ちたくなるような内容にすることで反抗期の学習者が持つエネルギーを有効に活用することに挑戦しました。このようにトライしてくれた子ども達に敬意を表し、子どもから教えられたのがＴＡＧＡＫＩです。指導者は、学ぶ側の変容を受け止め、よき理解者として学習者の側で学習者を信用し、受け入れてほしいと願っています。

3 TAGAKIの成果

書いてからどうするのか？

ＴＡＧＡＫＩを登山に例えると、１人で登る人も、ペアやグループで登ることもあります。

１人でＴＡＧＡＫＩを学ぶ人は、単独のよさを生かし、自由に自分のペースで進んでください。自分で自分の進歩を見届け、自分の目的、例えば入試や検定試験、会議やプレゼンなどの目的のためにその成果を利用してください。

グループやペアでＴＡＧＡＫＩを学ぶ人は、４技能の学習へと発展させることが可能です。そのイメージは次のような内容です。

①まずは自力で話題をつかむ(reading)
②入れ替え用の単語やフレーズをグループ内で教え合う
③何を書くか心を決めて書く(writing)
④見ないで書けるようにする(writing)

⑤書いたものを発表に備えて覚える(speaking)
⑥それぞれのグループ内で全員が発表する。他者が書いたものを聞いて楽しむ(speaking, listening)
⑦自分から進んで発表したい人が発表する(speaking)
⑧自由討議　英語または日本語で仲間とディスカッションをする(listening, speaking)
※1つのトピックについて30分位で終えるというイメージですが、あくまでも目安です。このようにペアやグループで学習すると「伝える」までの成果が発揮されます。

どうやってモチベーションを生み、維持するのか?

どのようなことに取り組むにも、それをやりたいというモチベーションを生み出し、そのモチベーションを上手に保つことが一番大切であることは間違いありません。この命題が最も根源的で、最も大きなチャレンジです。

TAGAKIのモチベーションはどのようにして作り出すことができるでしょうか?著者としては、世界に通じるトピック、安心して進んでいける足場かけ、ユーモアに溢れた楽しい内容などに力を注ぎ、それが学習者のモチベーションを生むことと願っています。小学生はともかく中学生になったらぐっと増えてしまう英語嫌いに勝てるような学習法であることが私の願いです。

それでもなお、TAGAKI 10が終わったらTAGAKI 20へと継続していくには、やはり学習者の周辺にいる支援者の力が大きいことは明白です。褒めてください。励ましてください。進歩を認めてあげてください。

更に一番強いのは自己が持つモチベーションである、と私はいつも感じています。毎日散歩をする人、ジョギングする人、あんなに大変そうなマラソン大会に出場し続ける人は一体何がモチベーションなのでしょうか? それはやはり、いかなる場合でも自己啓発にあると私は考えます。運動ならば、健康な自分でいたい、挑戦する自分でいたい、と願うからこそ続けられるのではないでしょうか?

TAGAKIも続ければ続けるほど、賢くなる自分、考えられるようになる自分、より自由に表現できる自分、自分のこだわりから解放できる自分、世界に飛び出したいと願い始める自分、そのような自分がいてくれたら、それは一番強いモチベーションとなって、TAGAKI 50まで登りつめてくれるだろうと思っています。

頂上に立つと何が見えるか？

ＴＡＧＡＫＩ 10から始め、ＴＡＧＡＫＩ 50まで終わったら、学習者に何が見えるでしょうか？私流に言えば、「世界」が見えます。その「世界」とは、英語で自分を表現できることに自信が付いた新しい自分であり、これから地球市民の１人として生きていけるかもしれないという希望でもあるでしょう。今や地球市民の共通言語となった英語の入り口をしっかりとくぐり抜けたという感覚が生まれることを願っています。

期待される成果は？

私が考えるＴＡＧＡＫＩの成果は、全ての学習者の成長に役立つと考えています。ＴＡＧＡＫＩシリーズの使用が進めば、メンタル面が鍛えられるため、英語だけに留まらず、全ての学習に役立つと思いますし、人生にとっても大きな助けになるものと信じています。

英語面について言えば、英語という言語の基礎基本が身に付き、その結果、英検や入試の対策にもなるでしょう。書くことによって、自分をしっかりと見つめ、自信を持って音声的に対応できるようになれば、面接試験や、プレゼンにも役に立つでしょう。

これからＴＡＧＡＫＩを学んでくださる皆さんから、こんな成果があったというお知らせが届くのを待っています。もしそれが私の思いもよらない成果だったら、私はどんなにか嬉しいことでしょう。

第2章

TAGAKI 10〜50の目標

TAGAKI 10の目標

1
メンタル
自分の気持ちを即断即決する

2
英語
10語前後の英文をたくさん書く

目標1 メンタル 自分の気持ちを即断即決する

まず、自分の気持ちを決めること、これがTAGAKI 10の大きな目標です。たとえその話題について今まで考えたことがないと思っても、その話題を拒絶するのではなく、自分が日頃、何を感じているのか、何を考えているのか、無自覚であったことの糸をたぐり、自分探しをしてください。どのような話題についても、即断即決で自分の気持ちを表現できる人は何の問題もありません。それができる人はそれだけで半分、国際人です。そしてそれを英語で言えたら、立派な国際人です。30トピックについて、自分の気持ちを短時間で整理整頓し、表現できるようになることが大切です。

目標2 英語 10語前後の英文をたくさん書く

書くことは、面倒なことに違いありません。時間がかかりますし、腕も疲れます。始めの5回位は、「ああ、面倒くさい」と思うかもしれませんが、このTAGAKIを実際にやった人達は全員が「はまる!」と言ってくれました。是非、皆さんも「はまって」みてください。1つのトピックについて自分の考えを英語で書く目標時間は3～5分です。

書くことが英語学習にとって素晴らしいのは、全ての記録が残ることです。話すことは上手になっても記録が残らないため、自分の進歩がよくわからないのに比べ、書くことは書いた全てのことが記録に残り、振り返ることもできるので学び直しもでき、自分の進歩も確認できます。

TAGAKI 10で大切なこと

TAGAKI 10で大切なことは、単語ベースではなく、10語（10 words）前後の文で表現するというよい習慣を付けることです。10語前後を1つの最小単位とし、英語という言語では、聞く、話す、読む、書く、の全てを文という単位で表現するというのが大原則だということを身に付けていきます。文単位で人に伝えるというやり方の方が、様々な国籍の人が集まって言葉を使う時には、誤解が生じないといつも感じています。

日本人がどうして単語だけで英語を通じさせようとするかというと、それは毎日の生活の中で、単語だけを使ってコミュニケーションを成立させているからです。日本人はまず、主語を省きます。「明日、行く?」「行く」といった会話は普通です。主語はお互いにわかり合えていればわざわざ言わないのが日本語式です。日本人は、動詞もよく省きます。「私は親子丼」「じゃ、私はうなぎ」等、動詞がなくてもわかる時には省きます。このような主語や動詞を省いた表現は基本、英語ではしないということを理解しましょう。

体験談：　英語は文という単位で表現するもの

その1

近所にアメリカ人の奥様が住んでいて、赤ちゃんが生まれ、私は最初にどのような英語を話し始めるのかとても楽しみにしていました。いよいよ話し始めると、「ツア、バー」などと言うのです。何を言っているのかというと、“It's a bird.”ということなのでした。赤ちゃんが何かを指差すたびにお母さんが、“It's a …”のように言うので、それを真似ているのでした。初めから文なのです。

その2

カナダである家族を訪ねた時に、３歳近くまで何も話さず、ある日突然、堰を切ったように話し始めたという女の子に会いました。お母さんもこの子がしゃべり始めたら、一体何と言うのかを楽しみにしていたそうです。そして初めて話した言葉は、“I need it.”だったそうです。兄弟がいるのでその文が必要だったのでしょう、とお母さんは笑っていました。

その3

近所のスーパーに、ある時期英語を話す一家が来ていました。ある時、お母さんが何か買い忘れた物があったようで、7、8歳位の子どもにそれを探しに行かせ、自分はレジに並びました。すると、その子どもが遠くから“Where's ketchup?” “I can't find it!”などと叫んできます。こんなに急いでいる時にも全て文の単位でやりとりするのに感心しました。

その4

これは私自身の苦い思い出です。私は数年間、娘一家と暮らしていましたが、娘の連れ合いはオーストラリア人です。その頃まだ孫が小さく、裸足で外に出て行くとついつい“Shoes! Shoes!”なんて叫んでしまう私がいました。そしてある日、娘を介して言われたことは、単語で物事を言われるのは、奴隷か兵士か使用人だけだということでした。それ以来、私はどんなに急いでいても、英語は文で話すことを心がけました。“Kai isn't wearing his shoes!”と言えば、問着は起きないのでした。どんなに急いでいても、主語を付ければ誰の責任なのかがはっきりし、動詞を入れれば何が起きたかがわかるのでした。

TAGAKI 20の目標

1
メンタル
1か2か、肯定か否定か、はっきり決める

2
英語
英語1文ではなく、3文で書く

目標 1 メンタル　1か2か、肯定か否定か、はっきり決める

日本人は和を尊ぶ民族ですから、1か2かを即決したり、肯定か否定かをはっきり述べたりすると支障があると考える場合があります。特に否定を表現するには相当な勇気が必要な場合があります。しかし個人の考えは考えで、人格の否定とは関係がありません。

日本人だけのグループの中で、日本語だけで発言することと、様々な背景のある違う国の人が集まっている国際的なグループの中で、英語を使って発言することとは「場が違う」ということを自覚する必要があります。

日本人がはっきりと物を言わないことについては、日本語から来る影響もあります。日本語では、A「〜だと思います」B「〜だと思いません」のように話します。英語では、A: I think … B: I don't think … のように自分の考えていることを最初にはっきりと表現します。

そこでTAGAKI 20では、身近な話題について、自分の考えをはっきり述べていくことを練習します。

目標 2 英語　英語1文ではなく、3文で書く

3文というのはどのようなものであるかということですが、TAGAKI 20のトピック1

の例で考えてみます。タイトルはActive（アクティブな人）。ジャンルはパーソナリティーです。このトピックについて、1と2の２つの考えが示されています。1が基本で、それを否定する内容が2です。

トピック１Active（アクティブな人）の場合

1 ①私はアクティブであることが好きです。
②私はよく［A］します。
③私は時々［B］します。

2 ①私はアクティブであることは好きではありません。
②私は［A］しません。
③私は［B］しません。

ヒントA ①ボールを蹴る ②自転車に乗る ③走る ④友達とぶらぶらする
ヒントB ①公園でダンスをする ②早く起きる ③家を掃除する ④買い物に行く

ここで書くべきことは、

①では、自分の立場をはっきり表現します。
②では、アクティブである・そうでない、ということを表現するためにヒントA（4つ）から1つを選んで、自分の考えになるべく近い英文を書きます。
③では、アクティブである・そうでない、ということを表現するためのもう1つの理由を述べるため、ヒントB（4つ）から1つを選び、英文を書きます。
このように文を重ねていくことで、自分の言いたいことがはっきり表現できます。ヒントAとBの選択肢については、著者としてはなるべく多くの人に当てはまる選択肢を考えたつもりですが、どうしてもそれが合わない場合は、自分で考えて書いてもよいです。

大切なこと：ユーモアについて

このTAGAKIシリーズでは20、30、40、50の全ての見本文の最後は面白い1文で終わっています。つまり、「おち」ということです。「おち」をつけるといっても、高度な冗談はいりません。それでは、どのようなものか、紹介してみましょう。

トピック2 Adulthood（大人の時）の場合
1 大人の方が人生が楽しいと思う人

Let's all act like grown-ups!（みんなで大人みたいに振る舞っちゃおう！）

2大人の方が人生が楽しいと思わない人

I want to stay a child forever!（永遠に子どもでいたい！）

このような「おち」を考えるのが得意という人は、自分なりの「おち」を書いても勿論、構いません。反対に、このようなことを考えるのが不得意だと思う人は、TAGAKI 20を学習している間に、書き写しをしながら、修行をしてください。TAGAKI 50になったら、自分で「おち」を書くので、まだまだ練習のチャンスはたくさんあります。

体験談：日々の練習が大切ということ

その1

私はこれまでに、何度も日本人の子ども達を連れてオーストラリアへ行きました。オーストラリアの人はとてもフレンドリーで、簡単な英語で"Do you like Australia?"などと聞いてくれるのですが、その答えが"Yes, I do."だけではどうしようもありません。せめて後2文が必要です。天気がよい、公園が広い、果物が美味しい、みんな親切等、そのくらいのことを付け加えるのが礼儀というものです。

その2

指導者の方、保護者の方にお願いがあります。子どもが何を言っても「はい、理由は3つ」と聞いてほしいのです。どうして部屋を片付けなかったのか理由を聞きたかったら、3つ理由を言うように仕向けます。こうやって鍛えると、子どもは「3つ言わなくてはならないな」と準備をするようになります。そして成長します。決して怒らず、叱らず、ニコニコしながら、指を折りながら、忍耐を持ってトレーニングをしてください。

その3

私はどうもまじめすぎる女の子の孫に、「学校へ行って、1日に1回も友達を笑わせることができなかったら、100円の罰金」というルールを作りました。びっくりした孫は、「お願い笑って!」などと友達に頼んだようです。しばらくたったある日、帰ってくるなり「今日は友達を3回も笑わせたよ。100円頂戴!」と逆にお金を取られてしまいました。子どもは急成長するので楽しいです。

TAGAKI 30 の目標

1 メンタル

相手に伝わる構成を身に付ける
最後に賛成か反対かを表明する

2 英語

30語前後の英文で「なりきりライティング」

目標1　メンタル　相手に伝わる構成を身に付ける最後に賛成か反対かを表明する

ＴＡＧＡＫＩ30の目標は、

「つかみ・イントロ」(Catchy Sentences/Introduction)

「事実・本文・説明」(Facts/Body)

「おち・締め・結論」(Punch Lines/Closing)

というような一定の構成を学ぶことです。文の量が増えていくと、それをどのように構成するかが大切な要素となってきます。

世の中には話上手な人とそうでない人がいますが、話し上手な人の話を聞いて気持ちがよいのは、構成がよく、す〜っと内容が伝わってくるからです。

ＴＡＧＡＫＩ30では構成の仕方をマスターしましょう。まずは「つかみ・イントロ」で、これからこのような話をするということを端的に相手にわからせ、興味付けをします。次は「つかみ・イントロ」を裏付ける説明や、事実関係や、理由等を書きます。そして最後に「おち・締め・結論」で、文字通り締めていきます。

この構成を意識することはＴＡＧＡＫＩ30だけでなく40、50でも30回ずつ、様々なトピックについて学習します。

そして最後に、その内容について賛成か反対か、自分の意志を表明する事もＴＡＧＡＫＩ 30で学んでいきます。

目標 2 英語　30語前後の英文で「なりきりライティング」

ＴＡＧＡＫＩ 30に登場する人物は、Mr. Sim（シムさん）、Azi（アジー）、Bella（ベラ）、Chadi（チャディ）、Didi（ディディ）等、とても変わった名前の人々です。その変わった名前の人になったつもりで「なりきりライティング」をします。これから皆さんが英語を通して自分を表現する相手は、どんな人か全く予測がつきません。今では英語を母語とする人より、英語を第二言語や外国語として使用している人の方がずっと多いのです。このような多様な人々と、英語で交流し、共に学び、働き、暮らしていくことを想像しながら、ＴＡＧＡＫＩ 30を進めましょう。

ＴＡＧＡＫＩ 30の見本文は全て、いわゆる「３人称」で書いてあります。それを「１人称」に文法的に変えて見本文の人になりきって、文法に注意しながら書いていきます。

トピック１ Big Dinner（たっぷりの夕食）の場合

Mr. Sim always has a big dinner.（シムさんはいつもたっぷりの夕食を食べる）

→ I always have a big dinner.（私はいつもたっぷりの夕食を食べる）

日本語の場合は、シムさんを私に変えるだけで後は全く同じですが、英語では、hasをhaveに変える等の配慮が必要です。

※トピック1では見本文通りに書いた場合、文法的に変更する所は全部で7カ所あります。但し、入れ替え単語に違うものを選んだ場合は変更箇所は異なります。

なりきりライティングをする意味

なぜ「なりきりライティング」が有益な学習法であるかというと、自分が今感じている自分だけの世界を超えて、世界観を広げることができるからです。海外に行くと何が新鮮かというと、自分が常識と思っていることがそうでなかったりすることです。

そこで、TAGAKI 30では、実際に海外に行く程の衝撃が無いかもしれませんが、擬似体験をしてみましょう。例えば、暑い夏が絶対に嫌だと思っている人も、常に暑い国に住んでいる人はどう思っているかを考えてみることはできるでしょう。また、フレンドリーであることの意味や尺度が違うということも海外でよく体験しますし、パーティーも日本では考えられない規模や、頻度で行います。そのような場面を想定し自分の発想を広げ、日本語の場合や日本社会の中では絶対に言わないことも英語でなら表現できることはとても楽しいものです。

大切なこと：　賛成か反対かを表明する

「なりきりライティング」が終わったら最後に、賛成意見と反対意見について、１つずつヒントが載っているので、それを参考に自分の意見を書いてみましょう。

トピック１ Big Dinner（たっぷりの夕食）の場合

賛成意見 (I agree …)

I'm the same as Mr. Sim.（シムさんと同じ）

反対意見 (I disagree …)

I don't have a big dinner.（私はたっぷりの夕食は食べない）

見本文を自分に置き換えて書く練習をした後で、本当のところ、自分自身はその内容に賛同するのか、しないのか自分の意志を表明しましょう。ヒントに自分の意見に合う意見がなかったら、勿論、独自の意見を書いてもよいです。

体験談：考える癖を付けるには

その1

私は大学生だった4年間、ノートというものを取りませんでした。黙って先生の言うことを聞いていたり、この先生の話はつまらない（ごめんなさい）と思う先生の授業の時には、教壇から見えにくい所に座り、かねて用意していた自分の本を読んでいたりしました。そんなことを続けていた超生意気な学生であった私は、ある日先生に呼び出されました。「あなたの学習態度が教授会で話題になった。いつも本を読んでいて、時々ニヤッとして顔を上げる」ということでした。「うひゃ〜、教授会ってそんなこと討論しているの！」と私はびっくりしました。

私がやったことを自己弁護すれば、私は先生達の講義を聞きながら、内容を理解しようとする自分とそれについて考えようとする自分の二重構造でいたのだと思います。更に自己弁護をすれば、ノートばかり取っている人は、ノートを取るということに満足したり、ノートを見ないと何も思い出せなかったりするわけです。私は違う、と思うことがよくありました。

このようなことは、考える自分を作るのにはとても役に立ったと思います。反省すべきことは、このようにして大学生活を送った結果、興味があることしか覚えておらず、知識が不足とか偏重したことでした。

そんなわけでＴＡＧＡＫＩ 30を学習している間に、理解しようという自分と、それについて考えようとする自分という二重構造に挑戦してみるのもよいかもしれません。（但し、結果については私は責任は取りません。）

その2

「いつ質問がくるかわからない」と思って授業を受ける人々の国では、児童、生徒、学生、受講生は、授業中に寝るなどということは全くなく、実に真剣に先生や、発表者の意見を聞きます。日本人が授業中や、会議中によく居眠りをするのは、睡眠時間が短すぎるからだという意見も聞きます。しかしそればかりではありません。いつ質問が飛んでくるかわからない、また、質問をしなければ聞いていないのと同じだという習慣のある国々では、居眠りをするなんて考えられないことです。話す方も、聞く方も、"What do you think?"（どう思いますか？）は基本中の基本質問です。そして、お互いにそれに答えを出そうとするのが勉強というもので、礼儀でもあると私はいつも思っています。

TAGAKI 40の目標

1 メンタル
自分の創造性をアピールする

2 英語
自分のオリジナルな2文を含め、40語前後の英文を書く

目標1　メンタル　自分の創造性をアピールする

日本人はよく「私も同じです」や「前の人と同じです」「もう既に言われてしまいましたが…」などと言います。これはやはり「和」を尊ぶ集団の特色かもしれません。また、そうでないと罰せられるという村社会的な問題もあるのかもしれません。しかし、それでは国際的に通用しないというのが私の意見です。国際的には自分のオリジナリティーがあることが、その人の存在理由です。いつも他人と違うことを言ってみよう、考えてみよう、表現してみようとすることは素晴らしいことです。これからの世界で生きていくには必須条件ではないでしょうか？

トピック１ April Fool's Day（エイプリルフール）の場合

「つかみ」April 1st is April Fool's Day. On that day, you're allowed to tell a lie before noon.

「事　実」Here're some lies you might want to tell.

1

2

まず「つかみ」は見本文に書かれているので書き写すことができます。

「4月1日はエイプリルフールの日です。その日の正午までは嘘をついてもよいのです。」

次の「事実」ですが、

「あなたがついてみたい嘘は…」

というリード文の後に、2つのオリジナル文を書きます。オリジナル文ですから、これまでに自分がついた嘘でもよいですし、これからついてみたい嘘でも何でも構いません。何しろ、嘘ですから何を書いてもよいのです。ですから独創性が発揮できます。

目標2　英語　自分のオリジナルな2文を含め、40語前後の英文を書く

ユニークで面白いことや冗談、自分のオリジナルな文、他人がはっとするようなことをどうやって英語で表現するかというのが次の課題です。その問題に対処するために、TAGAKI 40では4つのヒント文を提供しています。何も思い浮かばない人は、特に始めの頃はそれを利用して書き写しても構いません。そうしているうちに徐々に慣れ、書き写しているうちに、自分のオリジナル文が書きたくなってくるはずです。

添削について3つのゾーンのイメージ

TAGAKI 40、50では、学習者がオリジナルな英文を書くため、添削の問題をはっきりさ

せなくてはなりません。

ＴＡＧＡＫＩシリーズでは、英文の正しさについては、**グリーンゾーン** **イエローゾーン** **レッドゾーン** の３種類があると想定しています。

グリーンゾーン

写し間違えたり、よほど自分が好きな単語を調べずに、誰にも聞かないで入れてしまうなどしない限り、間違いのある文はできません。ですからＴＡＧＡＫＩ 10、20は安全な「グリーンゾーン」です。

イエローゾーン

「イエローゾーン」は少し間違いがあるかもしれないということです。ＴＡＧＡＫＩ 30ではこのゾーンに入ることがあるでしょう。考え方としては、「イエローゾーン」で多少の間違いがあっても、コミュニケーションに影響がなければ大丈夫とします。

レッドゾーン

ＴＡＧＡＫＩ40や50では「レッドゾーン」の可能性が出てきます。ヒントを書き写すことだけをすれば、「グリーンゾーン」に留まることができますが、それでは人生が楽しくなりません。

現在では、コンピュータによる英文添削というのは相当に進んでいるようです。文法やスペリングの間違いだけでなく、構成もＡＩ君が添削できると聞いています。しかし、「レッドゾーン」はコンピュータが扱えない領域だろうと思います。というより、是非そうあってほしいです。これまでのデータにない文が書けたら人間の勝ちです。そして、通じる英語の範囲でそれができることを期待しています。

ＴＡＧＡＫＩ 40の添削について

前述の３つのゾーンのイメージを踏まえた上で、ＴＡＧＡＫＩ 40の実際の添削について考えてみましょう。

①「つかみ・イントロ」の文は既に記載されている。つまり、始めにはっきりとそのトピックをどのような観点から扱っていくかが述べられている。

②「事実・本文・説明」は、そこにはリード文が既に載っていて、学習者がオリジナルで書くことを限定している。例えば、トピック２ Bento（弁当）では、「手作り弁当で大切なことを２つ書く」というように誘導してある。

③オリジナルな２つの文を書くために、ヒントは４つ提供してある。ヒントを写して書けば間違いは起きない。最初の５回位まではそれもよい勉強になる。

つまり、学習者は全く自由に書くのではなく、トピックからそれることがないように観点が絞ってあります。

学習者が全くオリジナルな文を書いた場合の添削ですが、せっかくのよい発想なのに全く何を言っているのかわからない場合は、小声で通じる英語を教えてください。しかし、「これは面白くない」とか、「馬鹿げている」といった理由で指導者が書き直す、つまり指導者の作文になることはしないでほしいです。あくまでも学習者の発想を大切にし、それを生かす道を探ってほしいと願っています。

ＴＡＧＡＫＩ 40のような練習は、将来、学習者がＴＡＧＡＫＩにはないトピックについて英文を書いたり、スピーチやプレゼンの準備をしたり、書く試験を受ける時にとても役立ちます。

体験談： 発言や冗談で苦労した話

その１

私がアメリカに住んでいた時に、一番苦しんだのがジョークでした。カリフォルニアの人は、朝から晩までジョークを言っていて、大学教授もクラスをジョークで始め、ジョークで終わるのでした。大統領だってジョークが言えなくては務まりません。「どうしてアメリカ人はあんなにジョークが言えるのですか？」とある人に聞いたところ、「ジョーク集を枕の下に敷いて寝てるんだ」というジョークが返ってきました。きっと彼らなりに努力をしているのでしょう。

その2

アメリカの大学院で学んだことは、「手を挙げて発言しない人はクラスを欠席したのと同じ」ということです。自分の存在をアピールしなければ、存在していないのと同じ、と言われては頑張るしかありません。とは言え、クラスのみんながそう思っていて、たくさんの手が挙がる場で、自分が指名を受けるためには相当に積極的な態度が必要でした。このような文化の中で育った人が日本に来て英語を教えると、愕然とするのはわかる気がします。

その3

ある時、タイから帰国しようとした時に空港がデモ隊に占拠されて、飛行機が飛べないという事態に遭遇しました。その通知を受けた時には、「やった～！」という思いで3日間ほど余計にバンコクで遊んでいました。しかし、いざ帰国となったら空港は大混乱。その中で黙って耐えるのは日本人、ジョークを言うのは欧米人、ということがよくわかりました。国民性が出るのですね。私もあのような極限状態の中でも、ジョークが言える人間になりたいものです。

TAGAKI 50の目標

1 メンタル

自分の意見を述べ、「おち」も自分で考える

2 英語

検索した結果を英文に反映し、50語前後の英文を書く

目標１ メンタル　自分の意見を述べ、「おち」も自分で考える

このＴＡＧＡＫＩシリーズには全部で１５０のトピックがありますが、どれもこれも皆さんの気に入る話題ばかりではないことは承知しています。自分には「意見がない」や「考えたこともない」などと言う人や意見はあるけれど、この話題についてではない、という人もいるでしょう。

自分の意見をまとめるのは最初は難しいかもしれません。自分が何を考えているかは無意識な部分も多く、それを引き出す作業が必要だからです。初めから自分の意見を書くのは無理、という人のために、ヒントを２つ提供していますので、それを参考にどうにか自分の意見をひねり出してください。

初めはヒントを書き写すだけでも構いませんが、最後までそれを続けるというのはやはり残念です。自分は意見がないという人は本当はいない、というのが私の考えです。それを英語で言えないという人がいる場合を想定してヒントを出していますが、30回も練習できるのですから、自分自身を説得し、最後にはどんどん意見が出せる人になってくれれば嬉しいです。

そして、いよいよ最後の「おち」も自分で考えます。ＴＡＧＡＫＩ 20からの練習を思い出してください。

目標2　英語　検索した結果を英文に反映し、50語前後の英文を書く

何をどのように検索するのか？　まずは日本語で調べて、おおよその背景知識を得るのはよい方法です。

トピック1 Japan Albatrosses（アホウドリ）の場合

「アホウドリ」だけを検索すると世界中にいるアホウドリのことが出てきます。しかし、この区分では、Japanとなっているので、日本のアホウドリというように限定すると沖縄県の尖閣諸島のアホウドリと東京都の伊豆諸島のアホウドリが出てきます。

もしアホウドリの個体数回復に関心がある場合は、それを検索します。すると、これまで東京都が大学や研究者とどのように頑張ってアホウドリの個体数を回復させたかが出てきます。このように内容を限定していくと段々と調べやすくなり、面白くなり、書きやすくもなります。しかし、学習者の興味は人それぞれなので、アホウドリについてもっと基本的なことについて検索をした結果を書いても、勿論、講いません。

そして、次に英語版を見て自分が必要な単語やフレーズを拾ってみましょう。

検索の結果は、しばしば異なるという問題もあります。ですが、皆さんが調べたことは調べたことで尊重します。是非、検索をした結果で面白いと思ったことは堂々と書いてください。

大切なこと１：　意見を書く

人間社会は様々な人が様々な話題について語り合って成り立っています。

日本人だけでなく、様々な背景を持った違う国の人達と付き合っていくために英語を学ぶならば、更に話題は多岐に渡り、自分には関係ない、興味がないということも多々あるでしょう。そこを乗り越えるのが国際的な思いやりというものです。日本的な話題に興味を持ってもらいたいと思ったら、自分も国際的な話題に興味を持たなくてはなりません。興味、関心を持てば、自然と意見も出てくるものです。

ＴＡＧＡＫＩ 50では、具体的に意見を書いていくための足場かけとして、30種類以上のリード文を用意しています。

例えば、

I think that ….（思うことは〜）

I believe that ….（信じていることは〜）

It's amazing that ….（びっくりしたことは〜）

I wonder why ….（なぜだろうと思うことは〜）

このような文を参考にしながら、自分の意見や気持ち、感想をまとめていくのがよいと思います。

大切なこと2：　パンチラインを書く

パンチラインの見本として、ヒントを1つだけ出していますが、このパンチラインこそ自分の独自性を出せるところです。ここでの課題は2つあります。

①そもそも面白い「おち」なんて思い付かない、という発想上の問題です。これも修行です。毎日毎日修行していれば、発想が豊かになります。面白い人を観察することも欠かせません。テレビやオンライン動画等を見て、「おち」が何かを研究するのもよいことです。

②「おち」を英語でどうやって表現するのか？これも練習あるのみです。このTAGAKIのパンチラインの多くはオーストラリア人のグレンさんという物を書く仕事をしている方に書いてもらいました。グレンさんは、パンチラインを書く仕事をするとアドレナリンが出るそうです。「好きこそ物の上手なれ」ですが、アドレナリンの応援を受けているらしいです。皆さんもアドレナリンが出るように頑張ってください。

再び、添削という問題について

学習者にどんどん書きたいことが出てきて、どんどん意見が出てきた場合、自分が言いたいことと英語で言えることをどこで折り合いをつけるのか、指導者としては学習者の意思をどこまで尊重し、どこまで添削するかという問題が出てきます。

私は高校、大学で英作文を指導したことがあり、膨大な時間を添削に費やしたことがあります。また、添削せずに自由に書かせたこともあります。

その時にいつも感じていたのが、本当に「添削」は役に立つのかという問題です。学習者の学習意欲が高く、二度と同じ間違いはしない、と決心していない限り成果は限定的だと思われます。学習者が「ふ〜ん、そうなのか」という程度の意識や、「直されて気分が悪い」ということであれば、添削した甲斐がないというものです。それより、どうやってたくさん書くという経験をさせるのか、間違いが化石化する前に、いつ正しいインプットを提供するのか、正しくわかりやすい英文が習慣化するまで、どうやって書く動機を持続させるか、そのようなことの方が大切だと思います。

そこでＴＡＧＡＫＩ 50の添削の解決策として、

①「つかみ・イントロ」をはっきり提示してあり、トピックの切り取り方を限定している。
②検索内容の例がリード文として提示してあるので、内容的にそれることがない。
③検索結果と、自分の考えと、パンチラインは学習者に任せる。
④自分の考えをまとめるための補助として30種類以上のリード文がヒントに提示してある。

このリード文を利用することによって、どのような意見を持っているのか、わかりやすくなる。
⑤パンチラインは、最後の挑戦として面白いものを期待したいが、ヒントも1つは提示してある。

つまり、TAGAKI 50で提供していることは、将来、学習者が自分の目的のために英文を書いていくための基礎固めであるということです。ですから、こんなことは全く学習してこなかったという高校生や大学生や社会人にとっては、英語で考えて、英語で書くという経験が役に立つことと確信しています。

話題について

TAGAKI 50では、日本の話題が9、世界の話題が21取り上げられています。しかし、実はこの区分もなかなか難しく、例えば、トピック12 Judo（柔道）は今や国際的なスポーツになっており、それが日本的な話題なのか、国際的な話題なのか区別をつけるのが難しかったです。世界は急速にグローバル化していて、日本の話題は世界の話題であり、その逆もまた真です。それ以外にもトピック21 Spaghetti（スパゲッティ）でもその起源を探るという意味から世界的な話題のカテゴリーに入っていますが、我々日本人もしばしばスパゲッティを楽しんでいます。そういう意味では、厳密に分けることは難しいでしょう。それでよいと思います。我々は既にそのようなグローバル化した世界に生きています。TAGAKIの執筆を通して、毎日のようにこの事実を思い知らされました。

そして最後に

そして本当に最後に、このようなグローバル化した世界で、自分を愛し、地域を愛し、自国を愛し、世界を愛する人達がこの学習法を使って、これからの時代、人種を超えて、国境を超えて羽ばたいていく基礎をこのTAGAKIが少しでもお手伝いできるのであれば、とても嬉しいです。

英語は道具ですから、それを使うことによって初めて生きてきます。皆さんがTAGAKIを通して英語という道具を手に入れ、それを思う存分使って頂いたら、著者としてこれ以上の喜びはありません。「楽しくなければ人生でない」これが私のモットーです。皆さんがTAGAKIを楽しんでくれることを心より願っています。

TAGAKI CAN-DO

TAGAKI 50まで全部終わったら、自分で自分の進歩を検証してみましょう。

1　英語で自分を表現し、英語で人に伝えるという観点から、自分の強みについて考えると、あなたは次の4つのパターンのどれですか?

①聞き手の気持ちに訴える「つかみ」というものが理解できるようになった。
②「つかみ」をフォローするために、事実を集め、整理をし、順序立ててわかりやすく説明できるようになった。
③自分の意見を持ち、それを英語で表現するのが上手にできるようになった。
④最後のパンチラインの「おち」が上手に書けるようになった。

2　英語を書くという観点から、あなたは次の4つのパターンのどれですか?

①書くことが楽になり、全く苦痛とは思わなくなった。
②何回も書くうちに、間違いが減ってきて、正しい文を書ける確率が高くなってきた。
③自分の気持ちを自分が知っている英語で表現するというサバイバルスキルが身に付いてきた。
④どんなトピックについても、自分なりに何かを書くことができるようになってきた。

第3章

TAGAKI 10~50のやり方・進め方

書く　3〜5分で書きましょう。

『TAGAKI 10』P.4-5より

Step 3 Writing

Sample Sentences A B C の黄色の部分を Words and Phrases 1〜12から自分で選《えら》んだものに入れかえて、それぞれ2つずつ6つの文を全文、書き写しましょう。

Step 4 Writing

Writing Time 1 で書いた A B C の文を1つずつ選《えら》んで、今度は見ないで書きましょう。

伝《つた》える

Step 5 Speaking

Writing Time 2 で書いた文を覚《おぼ》えて声に出して言いましょう。

TAGAKI 10のやり方・進め方

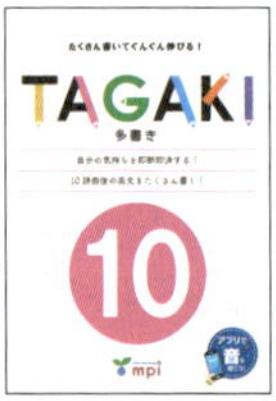

さあ、TAGAKI 10を始めましょう。英語を書くのに慣れていない人は、始めの5回を過ぎたら楽に書けるようになるので頑張りましょう。書くのに慣れている人は、機械的に書くのではなく、想像力を働かせながら書いてみましょう。そして書いた文を声に出すことに慣れていきましょう。

1人で学ぶ人へ

上記の手順で進めていきましょう。

進め方

Step 1 Thinking Reading

トピックについて考えましょう。
Sample Sentences A B C の文を読みましょう。
Words and Phrases ①〜⑫ のイラストを見てなるべく早くどれを書くか自分の心を決めましょう。

Step 2 Listening

Sample Sentences と Words and Phrases の音声をアプリできくことができます。音声をチェックしましょう。

mpi オトキコ ※TAGAKIのワークブックでは「mpiオトキコ」アプリで音声を聴くことができます。

考える

Step 1 トピックを確認し、それについて考えることが大切です。タイマーを用意し、例えば3分間を設定するのもよいアイデアです。入れ替え用の単語やフレーズは、イラストを見てもわからない所をスマートフォンやパソコン、辞書等で調べましょう。

Step 2 音声を確認しましょう。

書く

Step 3 全部で6つの文を書きます。単語だけを書くのではなく、文に入れて書きましょう。入れ替え単語はいろいろなものを使いましょう。自分に合うものがなければ自分で書いてもよいです。始めは5分位を目標とし、徐々に速く書けるようにしましょう。

Step 4 上で書いた文を1つずつ選んで、3文を見ないで書きましょう。

伝える

Step 5 伝えるための練習として、見ないで書いた文を、暗記して何も見ないで声に出して言ってみましょう。この習慣を付けることが大切です。

ペアやグループで学ぶ人へ

英語教室、英会話学校、学習塾、進学塾、小中高等学校、社会人学級等でTAGAKIを学ぶ場合、その状況によって取り組み方は様々かもしれません。どのような状況であれ、指導者は学習者のサポート役、つまり支援者であることに徹してください。TAGAKI 10は「教えないTAGAKI」の重要な出発点です。一から十まで指示を出す習慣を変えましょう。

考える

Step 1 まず、学習者自身でトピックや単語を見て、今回のトピックに関心を持つことが大切です。黒板にタイマーを準備し、3分間は黙って考える時間として、それを習慣付けるのもよいでしょう。

単語はペア、またはグループの学習者同士で教え合うのが理想ですが、どうしてもわからない単語は学習者自身が調べるか、支援者に聞きます。

Step 2 音声を聞く時は一斉に聞くのもよいですし、学習者が個々に聞くのを支援者が対応するのもよいでしょう。

書く

Step 3 **Step 4** 支援者は介入せずに学習者が１人で静かに書きます。黒板にタイマーを５分にセットするのもよいです。書く手順はＴＡＧＡＫＩを１人で学ぶ人と同様です。書き終えたら、できれば学習者同士が内容に間違いがないかチェックし合いましょう。

伝える

Step 5 学習者は見ないで書いた３つの文を暗記します。これは伝えるための準備です。暗記した文は見ないで声に出して言う練習をしましょう。

次はグループ内で１人ずつ、暗記した３文を発表しましょう。その時、書いたものを見ないことがルールです。ジェスチャーを付けることも大切ですね。グループで発表した後は、全員の前で発表したい人を募り、発表してもらいましょう。楽しいジェスチャーが付けばみんなで楽しむことができます。

また、ゆったりと学習を進めるシニア等のグループであれば、このトピックについて日本語で語り合うのもよいでしょう。

1 水族館で触りたくないものは？

Living Things 〈生きもの〉

1 Aquariums

水族館

Sample Sentences

A 見たいもの

I want to see [10] sharks.

B さわりたいもの

I want to touch [1] baby seals.

C さわりたくないもの

I don't want to touch [8] sea cucumbers.

Words and Phrases

1 baby seals
2 crabs
3 dolphins
4 jellyfish
5 manta rays
6 mermaids
7 seahorses
8 sea cucumbers
9 sea lions
10 sharks
11 squid
12 turtles

6

sea＋陸のものは面白いですね。海の馬＝タツノオトシゴ、海のキュウリ＝ナマコ、海のライオン＝アシカ。その他、わからない単語があったら、辞書で調べるのも楽しいです。水族館へ行くと「人魚」がいる？　ほんの冗談です。

2 三回転ひねり、挑戦してみたい？

いろいろな運動がありますが、どれかできますか？ triple twists（三回転ひねり）、backflips（バク転）、backward rolls（後転）、cartwheels（側転）、forward rolls（前転）、pullovers（逆上がり）、push-ups（腕立て伏せ）、sprinting（短距離走）。

3 スラムボール知ってる？

Sport 〈スポーツ〉

3 Ball Sports

ボールを使ったスポーツ

Sample Sentences

A 自分がするボールスポーツ

I play [10] table tennis.

B 自分がしないボールスポーツ

I don't play [6] golf.

C 自分がやってみたいボールスポーツ

I want to try [8] slamball.

Words and Phrases

ballを使ってするスポーツはplay golf（ゴルフをする）のようにplay＋スポーツ名で表現しますが、ボールを使わないスポーツにはplayは使いません。例えば「泳ぐ」はI swim.のように言います。

4 バーベキューで何を焼く？

Food 〈食べもの〉
4
Barbeques
バーベキュー
Sample Sentences
A 家族で焼《や》くもの
We cook rice balls on the barbeque.
B 家族で焼《や》かないもの
We don't cook bananas on the barbeque.
C 自分が焼《や》きたいもの
I want to cook beef on the barbeque.
Words and Phrases
1 bananas
2 chicken
3 eggplants
4 fish
5 green peppers
6 onions
7 pork
8 rice balls
9 sausages
10 shrimp
11 beef
12 tomatoes
12

皆さんのお宅ではバーベキューで何を焼きますか？　ユニークなところではバナナ、おにぎり、トマトはどうですか？　barbequeをBBQと書くのは正しい英語ではないそうです。chicken（鶏肉）、pork（豚肉）、beef（牛肉）。

5 日本には美味しいパンがたくさん！

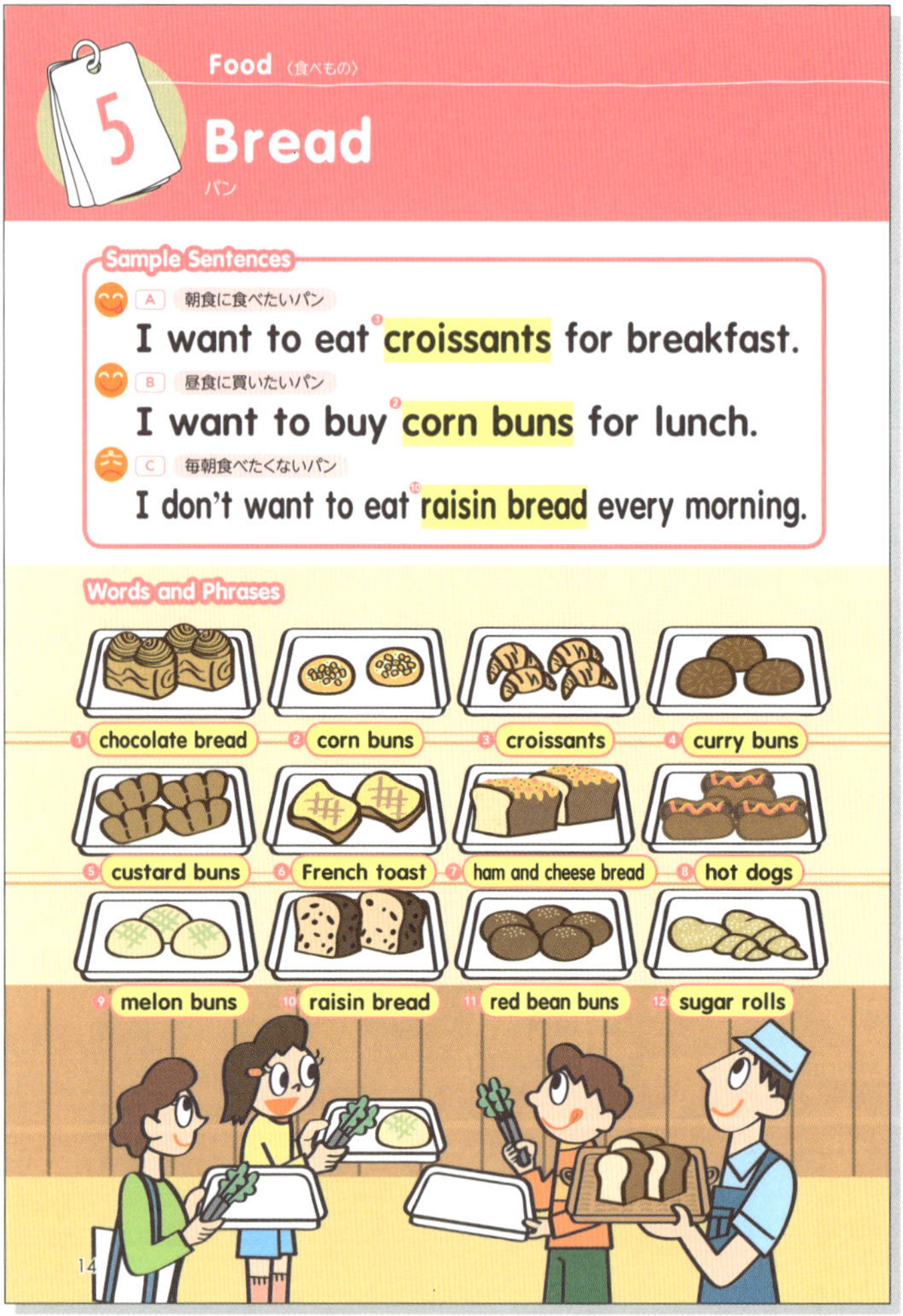
Food 〈食べもの〉

5

Bread

パン

Sample Sentences

A 朝食に食べたいパン

I want to eat ③croissants for breakfast.

B 昼食に買いたいパン

I want to buy ②corn buns for lunch.

C 毎朝食べたくないパン

I don't want to eat ⑩raisin bread every morning.

Words and Phrases

① chocolate bread ② corn buns ③ croissants ④ curry buns

⑤ custard buns ⑥ French toast ⑦ ham and cheese bread ⑧ hot dogs

⑨ melon buns ⑩ raisin bread ⑪ red bean buns ⑫ sugar rolls

14

美味しそうなパンがたくさん並んでいますが、英語をよく見てみるとbread（パン）、buns（丸くまとめたパン）、rolls（クルクル巻いて作るパン）等、言い方がいろいろありますね。ちなみにhot dogsは「熱い犬」ではありませんよ。

6 猫の好きなところ、好きではないところ

Living Things 〈生きもの〉

6 Cats ネコ

Sample Sentences

A ネコが好きな理由

I like cats, because they're [6] independent.

B ネコが好きではない理由

I don't like cats, because they're [8] noisy.

C ネコについて思うこと

I think that cats are [10] selfish.

Words and Phrases

皆さんは猫についてどう思いますか？　curious（好奇心が強い）、funny（面白い）、independent（独立心がある）、noble（気高い）、noisy（うるさい）、playful（遊び好きな）、selfish（わがままな）等、猫の性格を表す言葉がたくさんあります。

7 学校で掃除したくない場所は？

School Life 〈学校生活〉

7 Cleaning
掃除《そうじ》

Sample Sentences

A いつも掃除《そうじ》する場所
We always clean ③the floors.

B 時どき掃除《そうじ》する場所
We sometimes clean ⑨the music room.

C 掃除《そうじ》したくない場所
We don't want to clean ⑥the toilets.

Words and Phrases

① the playground
② the hallways
③ the floors
④ the gym
⑤ the windows
⑥ the toilets
⑦ the blackboard
⑧ the shoe lockers
⑨ the music room
⑩ the blackboard eraser
⑪ the entrance
⑫ the trash cans

18

いろいろな思い出もあるのではないかと思います。the hallways（廊下）、the floors（床）、the gym（体育館）、the blackboard（黒板）、the shoe lockers（くつ箱）、the blackboard eraser（黒板消し）、the entrance（玄関）、the trash cans（ゴミ箱）。

8 日本のこんなところがすごい！

Society 〈社会〉

8

Cool Japan

日本のほこり

Sample Sentences

A 自分がほこりに思うこと

I'm proud of [10] the polite people.

B 自分が心配していること

I'm worried about [11] the safety.

C 日本人みんながほこりに思うこと

We're proud of [2] the clean streets.

Words and Phrases

1 everything being on time
2 the clean streets
3 the clean water
4 the crowded trains
5 the good service
6 the healthy food
7 the Internet
8 the public transport
9 the old shrines and temples
10 the polite people
11 the safety
12 the tasty food

20

日本はcoolな国ですか？　everything being on time（全て時刻通り）、the crowded trains（満員電車）、the public transport（公共交通機関）、the polite people（礼儀正しい人々）、the safety（安全）、the tasty food（美味しい食事）。

9 夕食に何が食べたい？

Food 〈食べもの〉

9 Dinner
夕食

Sample Sentences

A 今晩《こんばん》の夕食に食べたいもの

I want sukiyaki for dinner tonight.

B 今晩《こんばん》の夕食に食べたくないもの

I don't want sandwiches for dinner tonight.

C 毎日食べたいもの

I wish I had sushi every day.

Words and Phrases

1 chicken and egg bowls
2 fried rice
3 Korean barbeque (yakiniku)
4 pizza
5 pot stickers (gyoza)
6 ramen
7 salad
8 sandwiches
9 spaghetti
10 spring rolls
11 sukiyaki
12 sushi

22

毎日のように食べている食べ物を、英語で表現するのは意外と大変。chicken and egg bowls（親子丼）、fried rice（チャーハン）、Korean barbeque（焼肉）、pot stickers（餃子）、spring rolls（春巻き）。ramen（ラーメン）は、もう国際語ですね。

10 犬もいろいろ

Living Things 〈生きもの〉

10

Dogs

犬

Sample Sentences

A 飼《か》いたい犬

I want to have a [12] smart dog.

B 飼《か》いたくない犬

I don't want to have a [8] naughty dog.

C 犬について思うこと

I think that dogs are [7] lovely.

Words and Phrases

24

飼いたくなるような犬も、飼いたくないような犬もいますね。brave（勇敢な）、gentle（おとなしい）、greedy（食いしん坊な）、lovely（かわいらしい）、naughty（いたずら好きな）、nervous（神経質な）、peaceful（平和的な）、smart（利口な）。

11 絶滅危惧種が心配だ

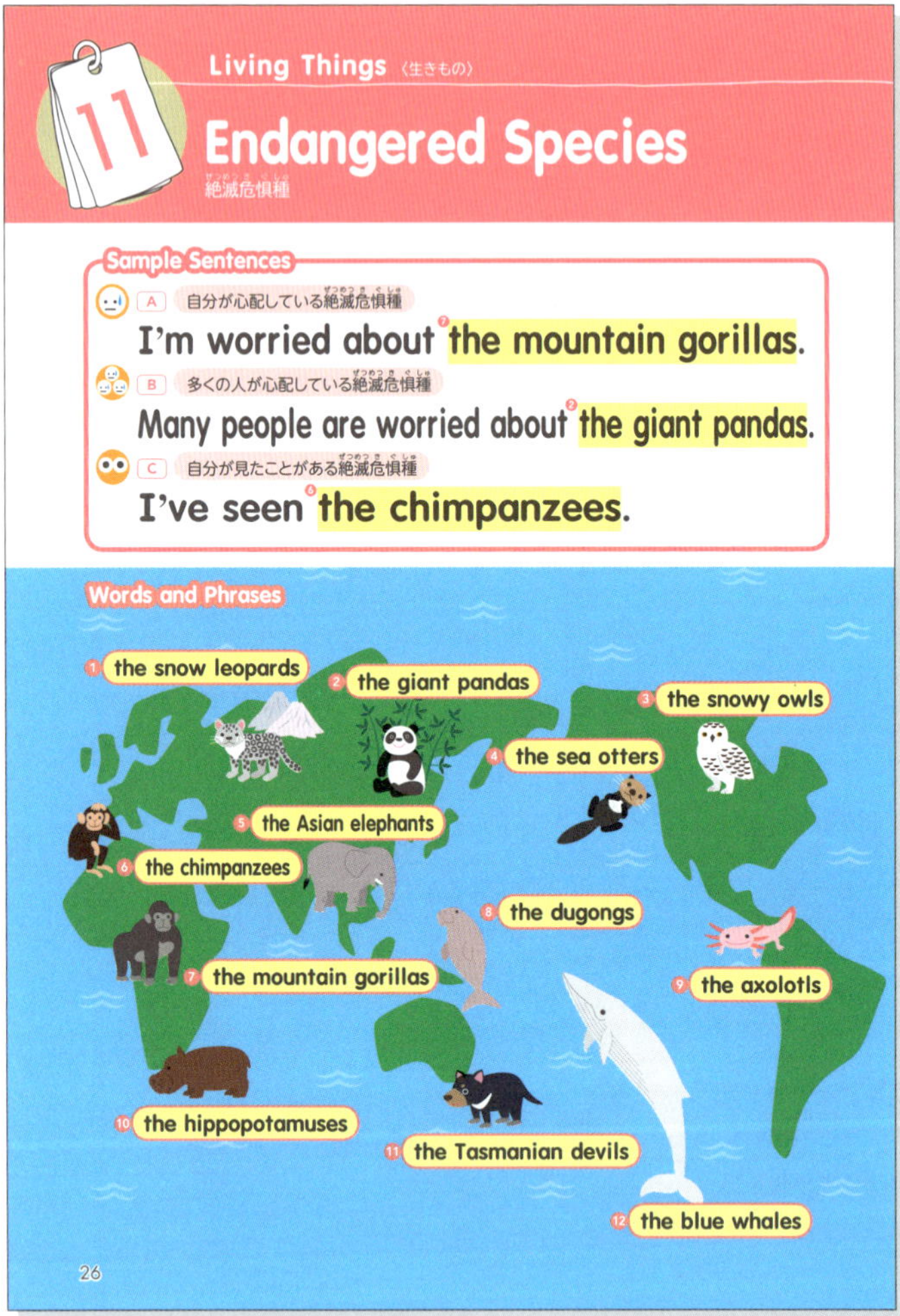

Living Things〈生きもの〉

11

Endangered Species

絶滅《ぜつめつ》危《き》惧《ぐ》種《しゅ》

Sample Sentences

A 自分が心配している絶滅《ぜつめつ》危《き》惧《ぐ》種《しゅ》

I'm worried about [7] the mountain gorillas.

B 多くの人が心配している絶滅《ぜつめつ》危《き》惧《ぐ》種《しゅ》

Many people are worried about [2] the giant pandas.

C 自分が見たことがある絶滅《ぜつめつ》危《き》惧《ぐ》種《しゅ》

I've seen [6] the chimpanzees.

Words and Phrases

26

このトピックは今世界で心配されている絶滅危惧種です。このような動物にはtheを付けて心配な動物として限定しています。the snow leopards(ユキヒョウ)、the sea otters(ラッコ)、the axolotls(俗称: ウーパールーパー)。

12 家族の「お楽しみ」

Personality 〈パーソナリティー〉

12 Family Members

家族について

Sample Sentences

A 私《わたし》の姉／妹が楽しむこと

My sister enjoys ⑪taking a bath.

B 私《わたし》のおばあさんが好《す》きなこと

My grandma likes ⑩singing.

C 飼《か》っている犬が大《だい》好《す》きなこと

Our dog loves ⑫taking a nap.

家族：dad お父さん、mom お母さん、brother 兄／弟、sister 姉／妹、grandpa おじいさん、grandma おばあさん

Words and Phrases

① cooking ② dancing ③ driving ④ fishing

⑤ playing games ⑥ playing shogi ⑦ playing the piano ⑧ practicing calligraphy

⑨ relaxing on the sofa ⑩ singing ⑪ taking a bath ⑫ taking a nap

28

「〜するのを楽しむ」と表現する時には、enjoy＋動詞のing形を使います。enjoy taking a bath（お風呂に入るのを楽しむ）、enjoy practicing calligraphy（習字の練習を楽しむ）、enjoy taking a nap（昼寝を楽しむ）。あなたの家族は？

13 こんなファッション、似合うかな？

Fashion〈ファッション〉

13

Fashion

ファッション

Sample Sentences

A やってみたいファッション

I want to try ⑤a crazy wig.

B やってみたくないファッション

I don't want to try ⑫a topknot.

C やったことがないファッション

I haven't tried ④colorful nails.

Words and Phrases

30

いろいろなファッションがあります。pierced ears（ピアス）、a crazy wig（クレイジーなカツラ）、false eyelashes（つけまつげ）、jeans with holes（穴あきジーンズ）、a topknot（ちょんまげ）、どれならやってみたい？　やりたくない？

14 もし100万円もらったら？

Personality（パーソナリティー）

14 If I Get One Million Yen ...

もし100万円もらったら…

Sample Sentences

A もし100万円もらったらすること

I'll buy all the games.

B もし100万円もらってもしないこと

I won't save the money.

C もし100万円もらったらするべきこと

I should give it to my mom and dad.

Words and Phrases

1 build a tree house
2 buy a car
3 buy a dog
4 buy all the games
5 buy lottery tickets
6 donate it
7 give it to my mom and dad
8 go on a cruise
9 go overseas
10 have parties
11 save the money
12 stay at a luxury hotel

32

もらったことがないからわからない？　まあ、そう言わず考えてみましょう。buy lottery tickets（宝くじを買う）、donate it（寄付する）、go overseas（海外へ行く）、save the money（貯金する）、stay at a luxury hotel（豪華ホテルに泊まる）。

15 今、はまっていることは？

Personality 〈パーソナリティー〉

15

Interests

興味《きょうみ》を持っていること

Sample Sentences

A 興味《きょうみ》を持っていること

I'm interested in ⑦movie stars.

B 興味《きょうみ》を持っていないこと

I'm not interested in ⑩the Internet.

C 全く知らないこと

I have no idea about ⑨sports.

Words and Phrases

① artists ② comic books ③ fashion ④ friends' romances

⑤ Japanese history ⑥ money ⑦ movie stars ⑧ politics and economics

⑨ sports ⑩ the Internet ⑪ video games ⑫ World Heritage Sites

34

「～に興味を持っている」は be動詞＋interested in＋事柄 を使います。発音にも注意して、interestedとinterestingの使い分けに注意しましょう。politics and economics（政治経済）、World Heritage Sites（世界遺産）。

16 外国人観光客におすすめの日本食は？

外国の方に食べ物を説明するのは難しいと思いますが、ちょっと頑張ってみましょう。green soybeans（枝豆）、steamed buns with red bean paste（饅頭）、fermented soybeans（納豆）、octopus dumplings（たこ焼き）等。

17 食べたことがないジャム、どんなジャム？

Food（食べもの）

17 Jam

ジャム

Sample Sentences

A よく食べるジャム

I often eat [11] **raspberry** jam.

B ヨーグルトといっしょに時どき食べるジャム

I sometimes eat [2] **blueberry** jam with yogurt.

C 食べたことがないジャム

I've never eaten [5] **lemon** jam.

Words and Phrases

1 apricot　2 blueberry　3 cranberry　4 grape

5 lemon　6 mango　7 melon　8 orange

9 peach　10 pineapple　11 raspberry　12 strawberry

38

ジャムはいろいろな果物からできるから楽しいです。今年は梅ジャムを作ったら美味しかったです。cranberry（クランベリー）やraspberry（ラズベリー）を食べたことがありますか？　often（よく）、sometimes（時々）を使い分けましょう。

18 近所にあるものは何ですか？

Places（場所）

18 Locations
ロケーション

Sample Sentences

A 家の近くにあるもの
There's a park near my house.

B 家から遠くにあるもの
There's a shopping mall far from my house.

C 家の近くにあってほしいもの
I want a dog park near my house.

Words and Phrases

1 an amusement park
2 a cafe
3 a city hall
4 a dog park
5 a game center
6 a library
7 a park
8 a restaurant
9 a school
10 a shopping mall
11 a station
12 a movie theater

40

「〜がある」ということを表現するには、There＋be動詞＋主語（名詞）を使います。主語が最初にこない珍しい表現方法です。an amusement park（遊園地）、a city hall（市役所）、a dog park（ドッグラン）。

19 食事はシンプル？それとも豪華？

Food 〈食べもの〉

19 Meals 食事

Sample Sentences

A いつも食べている食事
I usually have a [10]simple meal.

B 時どき食べたい食事
I sometimes want a [5]gorgeous meal.

C お気に入りの食事
My favorite meal is a [6]healthy meal.

Words and Phrases

1 cheap 2 fast 3 formal 4 good
5 gorgeous 6 healthy 7 heavy 8 light
9 satisfying 10 simple 11 stand-up 12 surprising

42

食事にもいろいろありますね。cheap（値段が安い）、fast（すぐに出せる）、formal（正式な）、gorgeous（豪華な）、heavy（胃にもたれる）、light（軽い）、satisfying（満足する）、stand-up（立食の）、surprising（びっくりするような）。

20 演奏できない楽器、挑戦してみたい楽器

Music 〈音楽〉

20

Musical Instruments

楽器

Sample Sentences

A 演奏《えんそう》できる楽器《がっき》

I can play the recorder.

B 演奏《えんそう》できない楽器《がっき》

I can't play the ocarina.

C 挑戦《ちょうせん》してみたい楽器《がっき》

I want to try the drums.

Words and Phrases

1 the clarinet
2 the drums
3 the flute
4 the horn
5 the Japanese drums
6 the koto
7 the ocarina
8 the piano
9 the recorder
10 the trombone
11 the trumpet
12 the violin

44

楽器を演奏するのは play the＋楽器名 で表現します。下手でも得意でも楽器が弾ける人はどんどん自己申告してください。ドラマーが演奏するのはthe drums（ドラム）、the Japanese drums（和太鼓）。

21 みんな、昔はかわいい赤ちゃん！

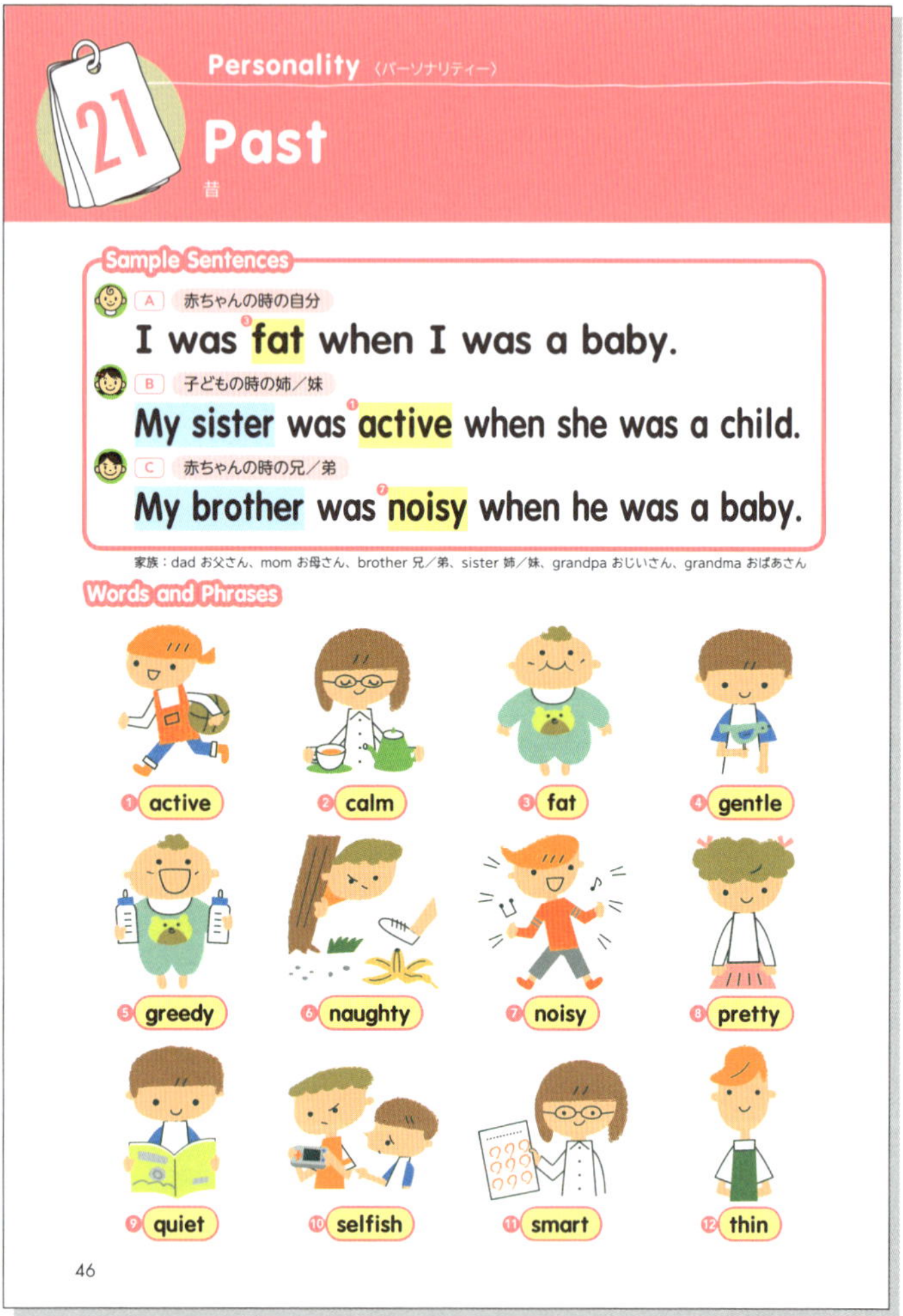
Personality 〈パーソナリティー〉

21 Past 昔

Sample Sentences

A 赤ちゃんの時の自分
I was fat when I was a baby.

B 子どもの時の姉／妹
My sister was active when she was a child.

C 赤ちゃんの時の兄／弟
My brother was noisy when he was a baby.

家族：dad お父さん、mom お母さん、brother 兄／弟、sister 姉／妹、grandpa おじいさん、grandma おばあさん

Words and Phrases

1 active
2 calm
3 fat
4 gentle
5 greedy
6 naughty
7 noisy
8 pretty
9 quiet
10 selfish
11 smart
12 thin

46

皆さんは昔、どんな赤ちゃんや子どもでしたか？　それを表現したい時には、wasを使います。calm（落ち着いた）、fat（太った）、quiet（静かな）、selfish（わがままな）、thin（痩せた）。

22 読んだり、書いたりする？

Personality〈パーソナリティー〉

22

Reading and Writing

読んだり書いたりするもの

Sample Sentences

A よく読むもの

I often read [4] fantasy.

B よく書くもの

I often write [3] emails.

C 読んだり書いたりしないもの

I don't read or write [10] novels.

Words and Phrases

1 biographies
2 comic books
3 emails
4 fantasy
5 haiku and waka
6 journals
7 letters
8 magazines
9 newspapers
10 novels
11 quotes
12 textbooks

48

毎日の生活の中で読んだり書いたりするものは、いろいろな種類があります。今やcomic books（マンガ）、haiku and waka（俳句と和歌）は国際的になっています。biographies（伝記）、journals（日記）、novels（小説）、quotes（格言）。

Living Things 〈生きもの〉

23

Reptiles and Amphibians

爬虫類《はちゅうるい》と両生類《りょうせいるい》

Sample Sentences

A 好《す》きな爬虫類《はちゅうるい》や両生類《りょうせいるい》

I like [3] snakes.

B ペットとして飼《か》ってみたい爬虫類《はちゅうるい》や両生類《りょうせいるい》

I want to keep [8] salamanders as pets.

C ペットとして飼《か》いたくない爬虫類《はちゅうるい》や両生類《りょうせいるい》

I don't want to keep [11] alligators as pets.

Words and Phrases

50

23 爬虫類や両生類、どれをペットにしようかな

最近では「静かだ」という理由で、爬虫類や両生類をペットとして飼う人が増えているそうです。lizards（トカゲ）、tortoises（陸ガメ）、newts（イモリ）、salamanders（サンショウウオ）。alligatorsとcrocodilesの違いを知っていますか？

24 ゆったりできる土曜日は…

Personality 〈パーソナリティー〉

24 Saturday
土曜日

Sample Sentences

A 土曜日にしたいこと
I want to watch videos online on Saturday.

B 土曜日にしたくないこと
I don't want to do my homework on Saturday.

C いつも土曜日にすること
I always check my emails on Saturday.

Words and Phrases

1 check my emails
2 clean the house
3 cook/bake
4 do my homework
5 do nothing
6 go cycling
7 go shopping
8 hang out with my friends
9 listen to music
10 play games
11 sleep
12 watch videos online

52

土曜日は何をしますか？　go shopping（買い物に行く）、hang out with my friends（友達とぶらぶらする）、listen to music（音楽を聴く）、watch videos online（動画を見る）。このような表現はひとかたまりで覚えましょう。

25 イチオシの給食メニューは？

School Life （学校生活）

25

School Lunch
給食《きゅうしょく》

Sample Sentences

A お気に入りの給食《きゅうしょく》

My favorite school lunch is ④curry and rice.

B クラスで人気の給食《きゅうしょく》

Our favorite school lunch is ⑤deep-fried bread.

C リクエストしたい給食《きゅうしょく》

I wish I could have ①a buffet.

Words and Phrases

① a buffet ② beef stew ③ carrot salad ④ curry and rice

⑤ deep-fried bread ⑥ breaded deep-fried shrimp ⑦ French fries ⑧ jelly

⑨ hamburgers ⑩ breaded deep-fried pork ⑪ miso soup ⑫ potato salad

54

好きな給食は何ですか？　クラスで人気の給食は何ですか？　英語で言えるようになると何かと便利ですね。deep-fried bread（揚げパン）、breaded deep-fried shrimp（エビフライ）、French fries（フライドポテト）、breaded deep-fried pork（トンカツ）。

26 おしゃれは足元から

Fashion（ファッション）

26 Sneaker Colors

スニーカーの色

Sample Sentences

A はいているスニーカーの色

I wear [1] black and [5] gold sneakers.

B はいていないスニーカーの色

I don't wear [7] light green sneakers.

C はいてみたいスニーカーの色

I want to try [9] purple and [11] silver sneakers.

Words and Phrases

56

色にはいろいろあるので、スニーカーの色もいろいろあります。色の「濃い」を表す時はdark、「薄い」を表す時はlightです。履物は2足でペアになるのでsneakers（スニーカー）、shoes（靴）と複数形になります。

27 運動会で盛り上がるのは？

School Life 〈学校生活〉

27

Sports Day

運動会

Sample Sentences

A みんなが好《す》きな種目《しゅもく》

We like ⑥the relay race.

B みんなが好《す》きではない種目《しゅもく》

We don't like ④the three-legged race.

C みんなが楽しむ種目《しゅもく》

We enjoy ⑧the cheerleading.

Words and Phrases

① the marching band
② the (mock) cavalry battle
③ the obstacle race
④ the three-legged race
⑤ the tug of war
⑥ the relay race
⑦ the big ball race
⑧ the cheerleading
⑨ the group dancing
⑩ the pole pull down
⑪ the sprinting
⑫ the ball-toss game

58

運動会の競技を説明するのは難しいのですが挑戦です！　the (mock) cavalry battle（騎馬戦）、the obstacle race（障害物競走）、the three-legged race（二人三脚）、the tug of war（綱引き）、the pole pull down（棒倒し）、the ball-toss game（玉入れ）。

28 甘党、辛党、それとも何でも党？

Food〈食べもの〉

28 Taste

味覚《みかく》

Sample Sentences

A 好《す》きなおやつの味

I like [12]**sweet** snacks.

B 好《す》きではない味

I don't like a [9]**sour** taste.

C 食べてみたい食べものの味

I want to eat [1]**bitter** food.

Words and Phrases

60

外国からのお客様と一緒に食事をする時、味の説明ができるとよいですね。bitter（苦い）、hot（辛い）、mild（まろやかな）、oily（油っこい）、rich（濃厚な）、salty（しょっぱい）、sharp（ピリッとした）、spicy（香辛料の効いた）、strange（変な）。

29 自動販売機はどこまで進化する？

Society〈社会〉

29 Vending Machines

自動販売機《じどうはんばいき》

Sample Sentences

A いつも自動販売機《じどうはんばいき》で買うもの

I always buy [6] juice.

B 自動販売機《じどうはんばいき》で買わないもの

I don't buy [11] vegetables.

C 自動販売機《じどうはんばいき》で時どき買うもの

I sometimes buy [4] ice cream.

Words and Phrases

外国の方が日本に来て驚くことの１つに自販機の多さがあります。種類も豊富で冷たい物は勿論、熱い物も１台の機械に入っている場合もあるので、びっくりするようです。iced coffee（アイスコーヒー）。

30 いつか行ってみたいな、世界遺産！

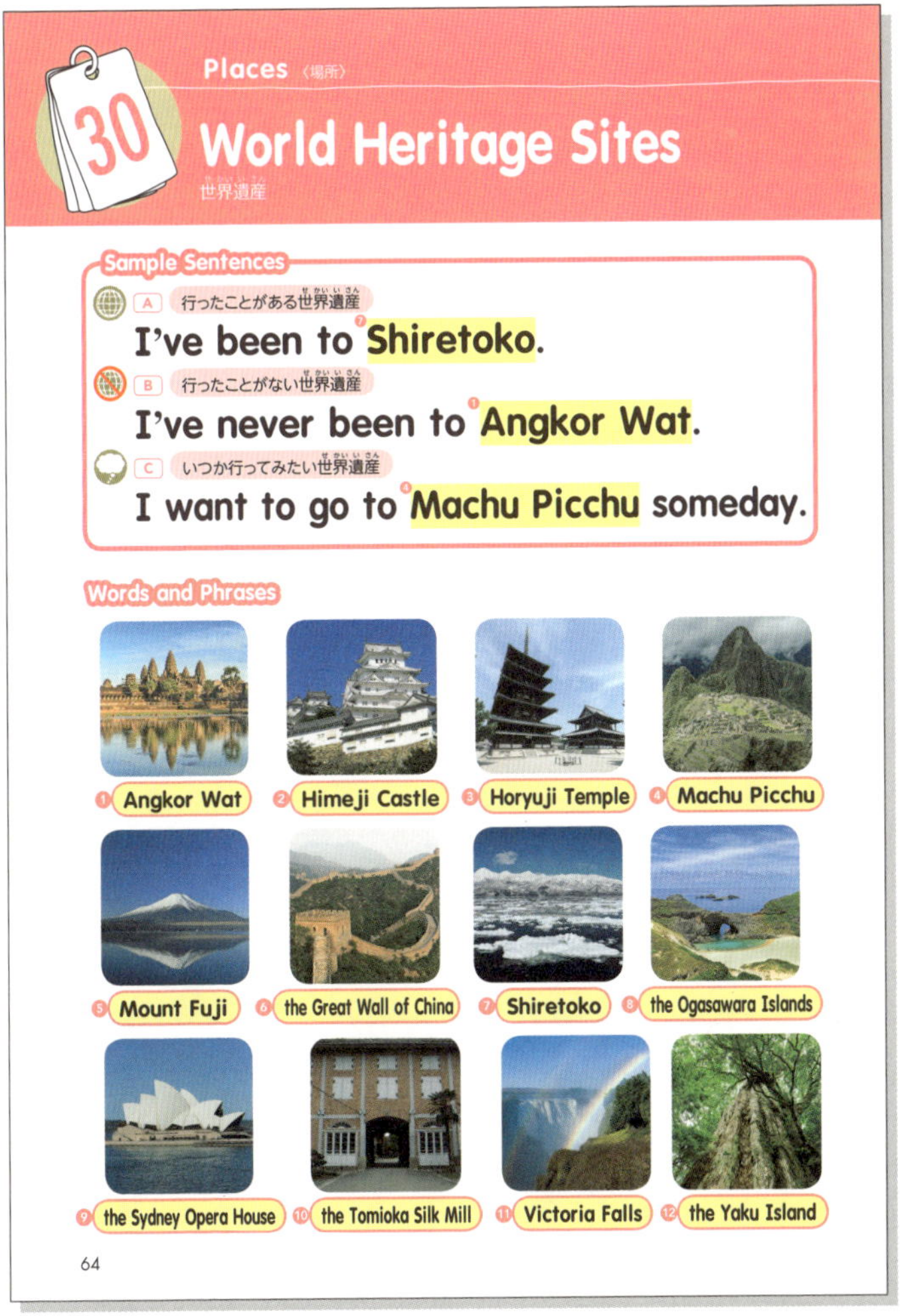
Places〈場所〉

30 World Heritage Sites
世界遺産《せかいいさん》

Sample Sentences

A 行ったことがある世界遺産《せかいいさん》
I've been to ⑦Shiretoko.

B 行ったことがない世界遺産《せかいいさん》
I've never been to ①Angkor Wat.

C いつか行ってみたい世界遺産《せかいいさん》
I want to go to ④Machu Picchu someday.

Words and Phrases

① Angkor Wat
② Himeji Castle
③ Horyuji Temple
④ Machu Picchu
⑤ Mount Fuji
⑥ the Great Wall of China
⑦ Shiretoko
⑧ the Ogasawara Islands
⑨ the Sydney Opera House
⑩ the Tomioka Silk Mill
⑪ Victoria Falls
⑫ the Yaku Island

64

I've been to …(〜に行ったことがある)、I've never been to …(〜に行ったことがない)。現在完了形の表現です。世界遺産の話をする時にはこの表現は欠かせませんね。自分が行きたい所は、英語で言えるように挑戦しましょう。

書く 3〜5分で書きましょう。

『TAGAKI 20』P.4-5より

Step 3 Writing

自分が決めた Sample Sentences に、Words and Phrases A B から自分で選《えら》んだものを当てはめて全文を書き写しましょう。

Step 4 Writing

Writing Time 1 で書いた文を見ないで、もう一度書きましょう。

伝《つた》える

Step 5 Speaking

Writing Time 2 で書いた文を覚《おぼ》えて声に出して言いましょう。

TAGAKI 20のやり方・進め方

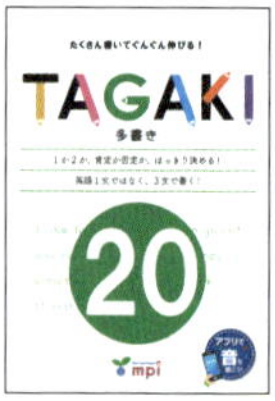

TAGAKI 20の段階で、自力でトピックの内容をつかみ、自分はどちらのタイプの人かをぱっと決めて、すらすらと書けるようになったら素晴らしいことです。また、発表する機会があれば「文字から音声へ」の理想を達成することができます。

1人で学ぶ人へ

上記の手順で進めていきましょう。

考える

進め方

考える

Step 1 Thinking Reading

トピックについて考えましょう。Sample Sentences 1 2 を見て、自分は 1 2 のどちらのタイプかを決め、次に Words and Phrases A B を見ます。

Step 2 Listening

Sample Sentences と Words and Phrases の音声をアプリできくことができます。音声をチェックしましょう。

mpi オトキコ

※TAGAKIのワークブックでは「mpiオトキコ」アプリで音声を聴くことができます。

Step 1 トピックを確認したら、1と2のイラストの違いを見て、自分は1と2のどちらのタイプかを決めましょう。自分が選んだ方の見本文を読みます。

Step 2 音声を確認しましょう。

書く

Step 3 自分が選んだ見本文にAとBのヒントから自分に当てはまるものを入れて全文（20語前後）を書きましょう。自分に当てはまるものがなければ自分で考えたものを書いてもよいです。

Step 4 もう一度、見ないで書きましょう。

伝える

Step 5 書いた英文を暗記して、見ないで声に出して言ってみましょう。英文が少し長くなり、暗記するのが大変ですが頑張りましょう。

もし、もっと自分を深く探求したい場合は、始めに1を書いて、次に2を書いてみると、自分が1なのか2なのか、よりはっきりとわかるかもしれません。

30トピックも書くなんて面倒だと思うかもしれませんが、自然な英語を自然に学んでいくにはそのくらいの修行は必要です。

自分が見ないで書いたものをいつも口に出して言う習慣を付けると将来、英語で会話をしたり、面接試験を受ける時などにこのＴＡＧＡＫＩの学習成果を役立てることができます。

ペアやグループで学ぶ人へ

考える

Step 1 Step 2 まず、学習者自身でトピックや単語を見て、今回のトピックに関心を持つことが大切です。トピックを確認したら、1と2のイラストの違いを見て、自分は1と2のどちらのタイプかを決めましょう。自分が選んだ方の見本文を読みます。音声も確認しましょう。

書く

Step 3 書く手順は１人で学ぶ人と同様の内容で書き進めましょう。書き終えたら、できれば学習者同士がペアで書いた内容に間違いがないかチェックし合いましょう。

Step 4 見ないで、もう一度全文を書きましょう。

伝える

Step 5 学習者が書いた文章を暗記したら、ペアやグループで書いたものを発表するとよいでしょう。発表の際は見ないで発表がルールです。見て発表すると、ただの読み上げになってしまうため、支援者は目線、声の出し方、自然なジェスチャーの付け方などのアドバイスに配慮しましょう。

次に、グループの代表者が全員の前でスピーチとして発表してもよいでしょう。友達や仲間が1と2のどちらのタイプか、また、10人いた場合どちらのタイプが多いか少ないかを調べても楽しめます。

英語が得意なグループであれば、発表したトピックについて英語で語り合えば、立派なディスカッションになります。

1 アクティブ？ アクティブじゃない？

Personality 〈パーソナリティー〉

1 Active

アクティブな人

Sample Sentences

1 I like to ...

I like to be active. I often go out and [A] ______. I sometimes [B] ______. It makes me really happy!

2 I don't like to ...

I don't like to be active. I don't go out and [A] ______. I don't [B] ______. Keep still!

Words and Phrases

よくすること / しないこと

A

❶ kick a ball ❷ ride a bike ❸ run/jog ❹ hang out with my friends

時どきすること / しないこと

B

❶ dance in the park ❷ get up very early ❸ clean the house ❹ go shopping

TAGAKI 20では 1 か 2 か、必ずどちらかを選んでください。1 のアクティブな人はアクティブに過ごしていると気持ちが良いし、2 のそうでない人はじっとしていたい。さあ、心を決めてあなたはどっち？

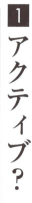

2 大人っていいなと思う？ 思わない？

2 Life 〈生活・人生〉
Adulthood
大人《おとな》の時

Sample Sentences

1 I think ...

I think life is more fun when you're an adult. I think an adult chooses [A] and has more [B]. Let's all act like grown-ups!

2 I don't think ...

I don't think life is more fun when you're an adult. I don't think an adult chooses [A] and has more [B]. I want to stay a child forever!

Words and Phrases

大人《おとな》が決めること / 決めないこと

A

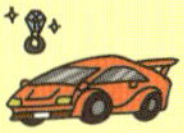
① what to buy

② where to live

③ what to do

④ when to take holidays

大人《おとな》が持っているもの / 持っていないもの

B

① money

② freedom

③ experience

④ ideas

1 のように大人の方が人生が楽しいと思うか、2 のように永遠に子どもでいたいか、あなたはどっち？　決めてみよう。理由としては、what to buy（何を買うか）、where to live（どこに住むか）、freedom（自由）、experience（経験）等。

3 苦あれば楽「アリ」タイプ？ それとも違う？

Personality 〈パーソナリティー〉

3 Ants

アリタイプの人

Sample Sentences

1 I'm ...

I'm an ant-type person. The ant says, "Work first and enjoy later." So I Ⓐ ＿＿＿ first and Ⓑ ＿＿＿ later. That's the way to go!

2 I'm not ...

I'm not an ant-type person. The ant says, "Work first and enjoy later." But I Ⓐ ＿＿＿ first and Ⓑ ＿＿＿ later. I'm easy going!

Words and Phrases

先にすること / 後ですること

A B

❶ study

❷ do my homework

❸ prepare for tests

❹ clean my desk

❺ play games

❻ read comic books

❼ check emails

❽ lie on the sofa

1 のI'm an ant-type person.（私はアリタイプの人間です）のように始めに勉強をして後からゲームをするのか、2 のようにそうではないか、考えてみましょう。自分が思っていても人から見たら違うかもしれませんね。

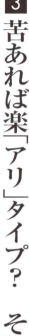

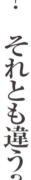

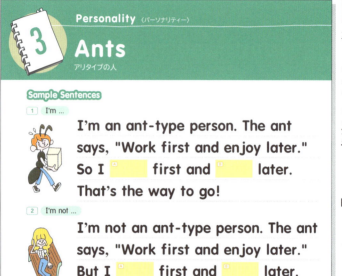

4 飛行機で旅行に行きたい？ 行きたくない？

Personality〈パーソナリティー〉

4 Airplanes
飛行機《ひこうき》

Sample Sentences

1 When my family goes on a trip, I want to ...

When my family goes on a trip, I want to go by airplane. I think airplanes are [A] ____. I enjoy [B] ____. It's so great!

2 When my family goes on a trip, I don't want to ...

When my family goes on a trip, I don't want to go by airplane. I don't think airplanes are [A] ____. I don't enjoy [B] ____. I'm scared!

Words and Phrases

飛行機《ひこうき》について思うこと / 思わないこと

A

1 amazing　2 powerful　3 comfortable　4 safe

楽しめること / 楽しめないこと

B

1 eating and drinking　2 watching movies　3 watching the clouds down below　4 feeling like a big bird

移動手段を言う時はby airplane（飛行機を利用して）のようにby＋乗り物で表現します。飛行機は苦手な人もいますね。amazing（驚異的な）、powerful（力強い）、comfortable（心地良い）、watching the clouds down below（雲を下に見る）。

5 お菓子作りが得意？ 不得意？

Food 〈食べもの〉

5 Baking

おかし作り

Sample Sentences

1 I'm good at ...

I'm good at baking. I bake (A) ______. So, I can make (B) ______ happy. It's good, isn't it?

2 I'm not good at ...

I'm not good at baking. I don't bake (A) ______. So, I can't make (B) ______ happy. I'm so sorry!

Words and Phrases

焼《や》くもの / 焼《や》かないもの

A

1 birthday cake

2 apple pie

3 Christmas cake

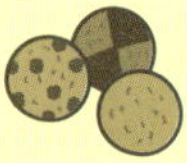

4 cookies

喜《よろこ》ぶ人 / 喜《よろこ》ばない人

B

1 my friends

2 my family

3 my boyfriend /girlfriend

4 my grandpa /grandma

1 はお菓子作りが上手な人。そしてお菓子をみんなにあげて周囲を幸せにするタイプです。2 のようにお菓子作りが苦手な人は「お菓子作りは苦手です。ごめんね」とはっきり言えばそれでOKです。

6 仲間とバンドで演奏したい？ したくない？

Music 〈音楽〉

6 Band

バンド

Sample Sentences

1 I think ...

I think playing music together is a lot of fun. In the future, I'll play A ______. I'll join B ______. How cool!

2 I don't think ...

I don't think playing music together is a lot of fun. In the future, I won't play A ______. I won't join B ______. What a horrible noise!

Words and Phrases

将来《しょうらい》、演奏《えんそう》したい楽器《がっき》 / 演奏《えんそう》したくない楽器《がっき》

A

① the guitar

② the trumpet

③ the keyboard

④ the saxophone

参加《さんか》したいグループ / 参加《さんか》したくないグループ

B

① a rock band

② a jazz band

③ an ensemble

④ a marching band

1 のようにバンドを組んで音楽にのめり込むタイプは、それが人生で一番楽しいことと思い、2 のようにバンドに興味のないタイプの人は、うるさいなと思っているかもしれません。どう考えるかは自由です。

7 朝の目覚めは良い？ 悪い？

Life 〈生活・人生〉

7 Beautiful Morning

気持ちの良《よ》い朝

Sample Sentences

1 In the morning, I wake up ...

In the morning, I wake up because of [A] ______. I open the windows [B] ______ I feel great!

2 In the morning, I don't wake up ...

In the morning, I don't wake up because of [A] ______. I don't open the windows [B] ______ I'm not a morning person.

Words and Phrases

目が覚《さ》める理由 / 覚《さ》めない理由

A

① the alarm clock

② the bright sun

③ the birds outside

④ feeling tired

窓《まど》を開けてすること / しないこと

B

① to say "Good morning!"

② to check the weather.

③ to breathe the fresh air.

④ to say "Hello, birds!"

1 のように朝起きたら窓を開け、気持ちが良い人もいれば、2 のように朝からそんなことをしない人もいます。あなたはどっち？　the alarm clock（目覚まし時計）、the bright sun（眩しい太陽）、to check the weather（天気をチェックする）。

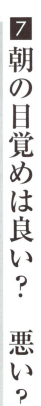

8 自転車レースを見たい？ 見たくない？

Sport〈スポーツ〉

8 Bicycle Racing

自転車レース

Sample Sentences

1 I'll go to ...

I'll go to [A] to see the famous bicycle road race. It'll be [B] to see the bicycle race. It's so cool!

2 I won't go to ...

I won't go to [A] to see the famous bicycle road race. It won't be [B] to see the bicycle race. I'll go eat ice cream instead.

Words and Phrases

行きたい国 / 行きたくない国

A

① Italy

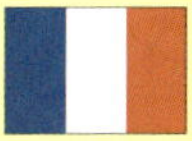
② France

③ the UK

④ Spain

どういうレースになるか / ならないか

B

① exciting

② thrilling

③ surprising

④ amazing

どうして人は苦しい自転車レースに挑戦するのでしょうか？　それは自転車レースがexciting（わくわくする）、thrilling（ぞくぞくする）、surprising（びっくりするような）、amazing（驚くほどの）の理由のどれか、かな？

9 朝ごはんをたっぷり食べる？ 食べない？

Life 〈生活・人生〉

9 Big Breakfast

たっぷりの朝ごはん

Sample Sentences

1 I have ...

I have a big breakfast. It keeps me A ______. It wakes up B ______. A big breakfast makes a healthy body!

2 I don't have ...

I don't have a big breakfast. It doesn't keep me A ______. It doesn't wake up B ______. A light breakfast makes a light body!

Words and Phrases

たっぷり食べた時の状態《じょうたい》 / 食べない時の状態《じょうたい》

A

❶ healthy ❷ smart ❸ strong ❹ awake

目《め》覚《ざ》める部分 / 目《め》覚《ざ》めない部分

B

❶ my brain ❷ my whole body ❸ my stomach ❹ my muscles

1 のように朝ごはんをたっぷり食べて目覚めるという人もいれば、2 のように軽く食べて身軽な体でいたいという人もいます。awake（目覚めている）、my brain（頭）、my whole body（全身）、my stomach（おなか）、my muscles（筋肉）。

10 クリスマスは好き？ そうでもない？

Seasons 〈季節〉

10 Christmas

クリスマス

Sample Sentences

1 I like ...

I like Christmas. Our town has (A) ______. I like to (B) ______.
Merry Christmas!

2 I don't like ...

I don't like Christmas. Our town doesn't have (A) ______. I don't like to (B) ______. It's just another day!

Words and Phrases

街《まち》にあるもの / ないもの

A

① Christmas illuminations

② Christmas trees

③ Christmas markets

④ Christmas concerts

するのが好《す》きなこと / 好《す》きではないこと

B

① eat Christmas cake

② write Christmas cards

③ choose Christmas presents

④ have a Christmas party

クリスマスはクリスマスに関係している品物が街に溢れ、クリスマスプレゼントを選んだり、クリスマスカードを書いたりと、心がわくわくしますね。しかし、It's just another day！（普通の日だ！）という意見もありです。

11 将来は都会に住みたい？　住みたくない？

Places〈場所〉

11 City

都会

Sample Sentences

1 In the future, I'll live in ...

In the future, I'll live in a city. I'll enjoy [A] ______. I think cities have [B] ______. Cities are so exciting!

2 In the future, I won't live in ...

In the future, I won't live in a city. I won't enjoy [A] ______. I don't think cities have [B] ______. Cities are so noisy!

Words and Phrases

楽しむこと / 楽しまないこと

A

① a lot of events

② the freedom

③ my own lifestyle

④ all the different people

都会にあるもの / ないもの

B

① nice parks

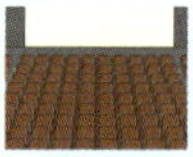
② big movie theaters

③ lots of places to go

④ friendly shops

『町のネズミと田舎のネズミ』という童話を覚えていますか？　あの童話はなかなか核心をついています。1のように都会はわくわくするという人と、2のように都会はうるさいという人も、それぞれ正しいですね。あなたはどっち？

12 冷たい物を食べるのが好き？ 嫌い？

12

Food 〈食べもの〉

Cold Food

冷《つめ》たい食べもの

Sample Sentences

1 I like to ...

I like to eat something cold.
[A] is my favorite food. Eating something cold makes me [B].
Come on, let's eat!

2 I don't like to ...

I don't like to eat something cold.
[A] isn't my favorite food. On the other hand, eating something hot makes me [B]. Umm ... yum!

Words and Phrases

好《す》きな冷《つめ》たい食べもの / 好《す》きではない冷《つめ》たい食べもの

A

① ice cream

② cold pasta

③ cold soup

④ watermelon

食べると感じること

B

① sleepy

② feel heavy

③ feel great

④ happy

something coldの「何か冷たい物」という表現のcoldのところに違う形容詞を入れると、いろいろな表現ができます。On the other hand（一方では）が使えるとかっこいいですね。feel heavy（体が重い）、feel great（良い気分）。

13 好きな物は先に食べる？　後にする？

Personality 〈パーソナリティー〉

13 Eating Things First

先に食べる

Sample Sentences

1 I eat ...

I eat my favorite food first, because [A]. This way, my favorite food tastes [B]! I want to eat it again!

2 I don't eat ...

I don't eat my favorite food first, even though [A]. Still, my favorite food tastes [B]! I save the best for last.

Words and Phrases

好《す》きなものから先に食べる理由 / 食べない理由

A

1. someone else might take it
2. the food will get cold
3. I like it
4. I want to enjoy my meal

先に食べるとどうか / 食べないとどうか

B

1. wonderful
2. delicious
3. better
4. special

好きな食べ物を最後に残しておいたら、他の人に食べられてしまった苦い思い出がある人も多いのでは？　最後の１文のI save the best for last.（一番よい物は最後までとっておく）は食べ物だけではなく、何にでも使える表現です。

14 エコ生活をしている？ してない？

14

Environment 〈環境《かんきょう》〉

Eco Style
エコスタイル

Sample Sentences

1 I'm interested in ...

I'm interested in eco style. I try to [A] things, because I'm very worried about [B]. What a good global citizen!

2 I'm not interested in ...

I'm not interested in eco style. I don't try to [A] things, because I'm not too worried about [B]. Should I think about it more?

Words and Phrases

努力《どりょく》していること / していないこと

A

1 recycle

2 reduce

3 reuse

4 refuse

心配していること / していないこと

B

1 global warming

2 climate change

3 water pollution

4 air pollution

地球の環境は悪化し続けてしまうのでしょうか？　recycle（リサイクルする）、reduce（減らす）、reuse（再利用する）、refuse（断る）の４つはエコ生活の鉄則です。What a good global citizen!　（なんと良い地球市民！）。

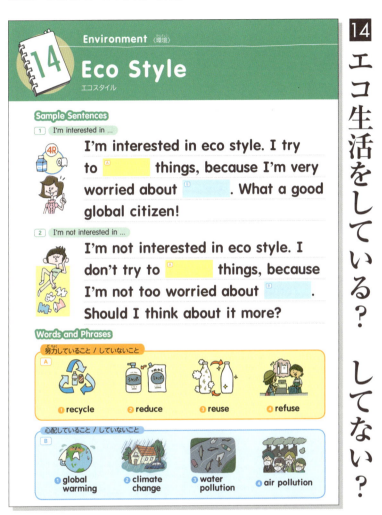

15 小学校最初の日思い出せる？ 思い出せない？

School Life 〈学校生活〉

15 First Day of School

学校の初《はじ》めての日

Sample Sentences

1 I remember ...

I remember my first day of elementary school. I remember [A] ______. I was very [B] ______. Time flies!

2 I don't remember ...

I don't remember my first day of elementary school. I don't remember [A] ______. I wasn't very [B] ______. It was a long time ago!

Words and Phrases

覚《おぼ》えていること / 覚《おぼ》えていないこと

A

1 meeting my new teachers

2 carrying my new school bag

3 wearing my new shoes

4 meeting my new friends

その時の気持ち

B

1 excited

2 happy

3 nervous

4 shy

光陰矢の如しですが、あなたは小学校の最初の日を覚えていますか？人の記憶は実に様々で、同じ学校を卒業しても覚えていることが違います。remember＋動詞のing形は、「～したのを覚えている」という表現の定番です。

16 世界で一番高い所へ行きたい？ 行きたくない？

16

Places 〈場所〉

Highest Places

高いところ

Sample Sentences

1 Someday, I want to ...

Someday, I want to go to one of the highest places on the earth. I'll go to [A] ______. It's over 8,000 meters high. I'll see [B] ______. How thrilling!

2 I don't want to ...

I don't want to go to any of the highest places on the earth. I won't go to [A] ______. It's over 8,000 meters high. I don't want to see [B] ______ there. How scary!

Words and Phrases

登りたい山 / 登りたくない山

A

① Mount Everest

② Mount Lhotse

③ Mount Manaslu

④ Mount Godwin-Austen (K2)

見えるもの / 見たくないもの

B

① everything below

② a beautiful landscape

③ a sky full of stars

④ shining snow and ice

あなたは冒険家？　それとも怖がり屋？　1 のように世界で一番高い所に行ってみたいと思っている人は、想像するだけでぞくぞくと気持ちが高まり、2 のようにそんなの怖すぎると思っている人は、考えただけでぶるぶると身震いするかも。

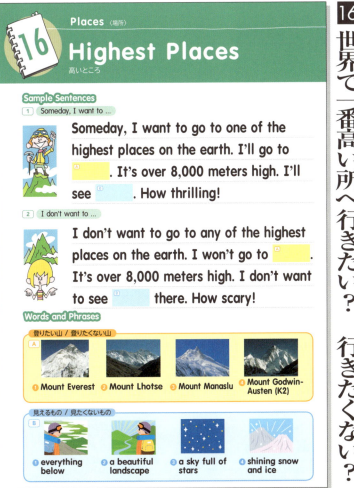

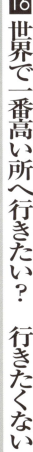

17 ホテルの受付はロボットがよい？ よくない？

Technology 〈テクノロジー〉

17 Hotel Reception Robots

ホテルの受付《うけつけ》ロボット

Sample Sentences

1 Hotel reception robots are ...

Hotel reception robots are wonderful. I think they can Ａ_____. I want them to Ｂ_____. Welcome!

2 Hotel reception robots aren't ...

Hotel reception robots aren't wonderful. I don't think they can Ａ_____. I don't want them to Ｂ_____. "O-Mo-Te-Na-Shi", please!

Words and Phrases

できる・できないと思うこと / してほしい・してほしくないこと

A B

❶ work 24 hours a day

❷ speak English well

❸ identify people's faces

❹ work quickly

❺ carry my heavy suitcases

❻ take me to the room

❼ play with small children

❽ answer all my questions

ホテルの受付がロボットだったら、work 24 hours a day（24時間働く）、identify people's faces（人の顔認証をする）、work quickly（仕事が速い）等、よいことがあるかもしれません。しかし、ロボットはどうも嫌だ、という人もいるかも。

18 家で過ごすのは楽しい？ 外が楽しい？

18

Life〈生活・人生〉

Indoors

インドア派《は》

Sample Sentences

1 I'm happy ...

I'm happy when Ⓐ ______ at home. I choose to be indoors a lot. I like to stay Ⓑ ______. Let's relax!

2 I'm not happy ...

I'm not happy when Ⓐ ______ at home. I don't choose to be indoors a lot. I don't like to stay Ⓑ ______. Let's go outside!

Words and Phrases

家で楽しいと感じること / 楽しいと感じないこと

A

❶ I'm on the sofa ❷ I'm in my room ❸ I'm on the bed ❹ I play games

いるのが好《す》きな場所 / 好《す》きではない場所

B

❶ in a quiet place ❷ in the library ❸ in the bathtub ❹ on the porch

1 のように家に居てリラックスしている方が楽しいというタイプと、2 のように家に居るより外に行く方が楽しいというタイプと両方いますよね。どちらもそれぞれよいに決まっているのですが、今はどちらかに決めてください。

19 王様や女王様になりたい？ なりたくない？

19 Personality 〈パーソナリティー〉
Kings and Queens
王様と女王様

Sample Sentences

1 I want to ...

I want to be a king/queen. I want to A ______ and I want to have B ______. The world is all mine!

2 I don't want to ...

I don't want to be a king/queen. I don't want to A ______ and I don't want to have B ______. It's my life!

Words and Phrases

したいこと / したくないこと

A

① be at the top ② decide everything ③ give orders ④ meet famous people

持ちたいもの / 持ちたくないもの

B

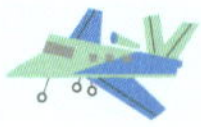

① many servants ② a lot of money ③ a huge castle ④ my own jet

王様や女王様になると、be at the top（トップになる）、decide everything（全てを決める）、give orders（命令を出す）、meet famous people（有名人に会う）等をするのですが、それがよいという人も、嫌だという人もいます。あなたはどっち？

20 人の話を聞く方が好き？ しゃべる方が好き？

20 Personality〈パーソナリティー〉

Listeners

聞き上手《じょうず》な人

Sample Sentences

1 I'm ...

I'm a good listener. I don't [A] . And I listen [B] . I'm glad I'm a good listener. I'll keep listening!

2 I'm not ...

I'm not a good listener. I [A] . And I don't listen [B] . I want to be a good listener. I should listen more.

Words and Phrases

A しないこと / すること

① talk a lot

② speak loudly

③ make people laugh

④ speak fast

B 話を聞く相手《あいて》 / 聞かない相手《あいて》

① to my classmates

② to everybody

③ to my parents

④ to my brother/sister

動詞に“er”を付けて「〜をする人」を表現することがあります。listener（話を聞く人）、speaker（話す人）、helper（助ける人）、teacher（教える人）、learner（学ぶ人）になります。他にもあるかな？　make people laugh（人を笑わせる）。

21 マラソン大会に参加したい？ したくない？

21

Sport 〈スポーツ〉

Marathon

マラソン大会

Sample Sentences

1 I think ...

I think the marathon is (A) ______ sport. In the future, I want to (B) ______. Go! Go! Go!

2 I don't think ...

I don't think the marathon is (A) ______ sport. In the future, I don't want to (B) ______. The marathon takes too long!

Words and Phrases

マラソンについて思うこと / 思わないこと

A

1 the most exciting

2 the most enjoyable

3 the most popular

4 the best

将来《しょうらい》したいこと / したくないこと

B

1 work as a volunteer

2 watch the race on TV

3 cheer the runners on the street

4 enter the race as a runner

マラソンは好きですか？　今、マラソンは日本のみならず世界中で人気のスポーツです。1 のように積極的に参加したいと思う人もいれば、2 のようにマラソンは長すぎると思う人もいます。

22 もし火星に行ったら何をしたい？ したくない？

Space 〈宇宙《うちゅう》〉

Mars

火星

Sample Sentences

1 If I go to Mars, I want to ...

If I go to Mars, I want to [A] .
And I want to bring back [B] .
I want to go right now!

2 Even if I go to Mars, I don't want to ...

Even if I go to Mars, I don't want to [A] . And I don't want to bring back [B] . There's no place like Earth!

Words and Phrases

火星に行ったらしたいこと / したくないこと

A

① meet the Martians

② put a flag up

③ make a movie

④ drive around

持って帰りたいもの / 帰りたくないもの

B

① some photos

② a Martian

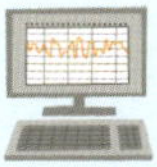
③ some sounds

④ some rocks

火星に行ったらmeet the Martians（火星人に会う）、put a flag up（旗を上げる）、make a movie（映画を作る）。持って帰りたいものはa Martian（火星人）、some sounds（音）って可能かな？　でも、地球ほど良い所はないという人も。

23 肉ならステーキ！ 焼き加減は？

Food 〈食べもの〉

23 Meat

肉

Sample Sentences

1 I like ...

I like my steak [A] _______. I love eating steak. Eating meat will [B] _______. Bravo, meat!

2 I don't like ...

I don't like my steak [A] _______. I don't like eating steak. Eating meat won't [B] _______. I'm a vegetarian!

Words and Phrases

好《す》きな焼《や》き加減《かげん》 / 好《す》きではない焼《や》き加減《かげん》

A

1. rare
2. medium rare
3. medium
4. well done

肉を食べるとどうなるか / ならないか

B

1. make me healthy
2. make my muscles strong
3. make me feel good
4. increase the iron in my blood

ステーキの焼き方について、自分の好みを言えるとよいですね。また、make me healthy（私を健康的にさせる）のようにmakeを「～にさせる」という意味で使えると便利です。2 の人はベジタリアンなんですね。

24 夢でお化けが！ 怖い？ 平気？

Personality〈パーソナリティー〉

24 Nightmares

こわい夢《ゆめ》

Sample Sentences

1 I was so scared that ...

A ______ chased me. I was so scared that I tried to B ______.
But I couldn't. Sooo scary!

2 But I wasn't scared, ...

A ______ chased me. But I wasn't scared, so I didn't try to B ______.
You can't scare me!

Words and Phrases

追いかけてきたこわいもの / こわくないもの

A

1 a ghost 2 a zombie 3 a black shadow 4 a huge lion

やろうとしたこと / しなかったこと

B

1 scream 2 wake up 3 jump out of my bed 4 call someone

so ～ + that ...は「とても～だから、その結果…だ」という便利な表現です。結果はthat以下に主語＋動詞で表現します。scream（叫ぶ）、call someone（誰かを呼ぶ）。

25 ペットを飼いたい？ 飼いたくない？

Personality〈パーソナリティー〉

25 Pets

ペット

Sample Sentences

1 I have ...

I have my own pet, because I like to [A] ______ . Having a pet is [B] ______ . Stay with me forever!

2 I don't have ...

I don't have my own pet, because I don't like to [A] ______ . Having a pet isn't [B] ______ . That's the way I like it!

Words and Phrases

するのが好《す》きなこと / 好《す》きではないこと

A

① take care of it

② sleep with it

③ play with it

④ feed it

ペットを飼《か》う理由 / 飼《か》わない理由

B

① interesting

② exciting

③ fun

④ cool

1 のようにペットを飼っていたら楽しいと思うか、2 のように欲しくないと思うか。ペットを飼いたい理由、飼いたくない理由は様々ですね。Stay with me forever!（永遠に一緒にいて！）、That's the way I like it!（私はそういうやり方が好き！）。

26 リズムを刻むのは楽しい？ うるさい？

26

Music〈音楽〉

Rhythm
リズム

Sample Sentences

1 I love ...

I love playing [A]. I want to make a lot of noise. It's really [B]! Whoooooo! Bang! Bang! Bang!

2 I don't like ...

I don't like playing [A]. I don't want to make a lot of noise. It's not really [B]! Shh! How annoying!

Words and Phrases

演奏《えんそう》するのが大好《だいす》きな楽器《がっき》 / 好《す》きではない楽器《がっき》

A

① the drums

② the bongo drums

③ the cymbals

④ the Japanese drums

音を出すとどうなるか / ならないか

B

① fun

② exciting

③ cool

④ interesting

1 のようにリズムに魅了される人は、それだけで体が躍動しますし、2 のようにそんなのうるさいだけ、という人もいます。How annoying! は「なんとうざったい!」という意味で、いつでもどこでも使えますが、連発しないでくださいね。

27 しょっぱいおやつは好き？ 嫌い？

Food 〈食べもの〉

27 Salty

しょっぱいもの

Sample Sentences

1 My favorite snacks are ...

My favorite snacks are salty things like [A] ______. I need salty food, whenever I feel [B] ______. Crunch, crunch!

2 My favorite snacks aren't ...

My favorite snacks aren't salty things like [A] ______. I don't need salty food, even if I feel [B] ______. Give me sweets!

Words and Phrases

好《す》きなしょっぱいスナック / 好《す》きではないしょっぱいスナック

A

1 chips　2 popcorn　3 rice crackers　4 salted nuts

いつもこんな時にほしい / こんな時でさえほしくない

B

1 stressed　2 tired　3 sick　4 lonely

おやつは何でも好きという人もここでは、しょっぱいおやつについて考えてください。多くの日本人はlike＝好き、とすぐに思い浮かべてしまいますが、ここでは「〜のような」という意味で、動詞ではなく前置詞になります。

28 空を見上げるのは好き？ そうでもない？

Nature 〈自然《しぜん》〉

28 Sky
空

Sample Sentences

1 I enjoy ...

I enjoy looking at the sky. I think the sky is the most beautiful [A]. The sky is also very beautiful [B]. What a wonderful world!

2 I don't enjoy ...

I don't enjoy looking at the sky. I don't think the sky is beautiful [A]. The sky isn't beautiful [B]. The sky is boring.

Words and Phrases

一番きれいだと思う時間帯《じかんたい》・季節《きせつ》 / きれいだと思わない時間帯《じかんたい》・季節《きせつ》

A

① in the morning ② in the afternoon ③ in spring/ autumn (fall) ④ in summer/ winter

空にあるときれいなもの / きれいでないもの

B

① with clouds ② with a rainbow ③ with sunlight ④ with snow

あなたは 1 のように空を見上げるタイプですか？　それとも 2 のように空を見たりしないタイプ？　今は携帯ばかり覗いていて、空を見ない人が多いのかもしれませんが、私の考えでは空を見るのは人生の楽しみの１つです。

29 試合に勝った？ 負けた？

School Life 〈学校生活〉

29 Winning and Losing

勝ちと負け

Sample Sentences

1 Last year, our class won ...

Last year, our class won A **because we practiced so hard. So we feel** B **about it. We're the best!**

2 Last year, our class lost ...

Last year, our class lost A **although we practiced so hard. Even today, we feel** B **about it. We should practice harder next time!**

Words and Phrases

勝った試合《しあい》 / 負けた試合《しあい》

A

① the dodgeball tournament

② the volleyball tournament

③ the soccer tournament

④ the long jump rope tournament

思い出す感情《かんじょう》

B

① happy

② excited

③ sorry

④ sad

because（なぜなら～）、although（～にもかかわらず）という接続詞は文を繋ぐ時に大変便利です。後に続くのは主語＋動詞になります。このように接続詞を使えるようになると表現が豊かになります。

30 冬休みの初めに決意する？ しない？

Life 〈生活・人生〉

30 Winter Vacation

冬休み

Sample Sentences

1 At the beginning of winter vacation, I always make up my mind to ...

At the beginning of winter vacation, I always make up my mind to (A) . I make (B) happy. I'm almost perfect!

2 At the beginning of winter vacation, I don't make up my mind to ...

At the beginning of winter vacation, I don't make up my mind to (A) . I don't make (B) happy. Nobody is perfect.

Words and Phrases

A いつも決心すること / 決心しないこと

① clean up my room

② finish my homework

③ go to bed early

④ do the chores

B 幸せにする人 / しない人

① my mom

② my dad

③ my grandma/grandpa

④ myself

冬休み等の休みの初めに何かを決心したりしますか？ make up my mind to＋動詞は「〜することを決心する」という意味です。1はいつも決心する人、2はそんなことを考えない人です。do the chores（お手伝いをする）。

5分で書きましょう。 書く

『TAGAKI 30』P.4-5より

Step 3 Writing

Sample Sentences 例「Mr.Sim」を「I」の1人称《にんしょう》の文章にかえて、Words and Phrases A B から自分に当てはまるものを選び、入れかえて全文を書き写しましょう。

○は1人称にかえたところです。トピック18、28、29は自分の家族にかえ、トピック30は自分のチームにかえましょう。

Step 4 Writing Speaking

Writing Time 1 で書いた文を見ないで、もう一度書きましょう。書いた文を覚えて声に出して言いましょう。

Step 5 Writing Speaking

Sample Sentences の人と自分とで違《ちが》うところはどこかを考え、My Opinion を参考にI agree ...（賛成）かI disagree ...（反対）か、自分の意見を Writing Time 3 に書きましょう。書いた文を覚えて声に出して言いましょう。

TAGAKI 30のやり方・進め方

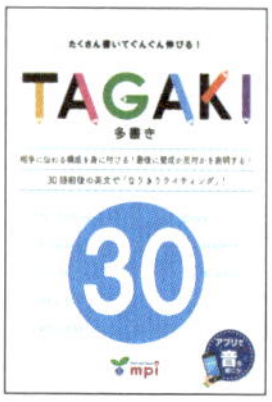

TAGAKI 30から英作文の構成を学ぶことが始まります。また、自分ではない人物になりきり、自分が何を表現したいかを客観的に考えるという学習をします。最後に、たった1行ですが、自分の意見も述べていきます。

1人で学ぶ人へ

考える

上記の手順で進めていきましょう。

進め方

文の構成

- **Catchy Sentences（つかみ）** これからこのような話をすると、端的《たんてき》に相手にわからせ、ひきつけることを書きます。
- **Facts（事実）** つかみを裏付ける説明や事実関係、理由などを書きます。
- **Punch Lines（おち）** 話のしめくくりになることを書きます。

Step 1 Thinking Reading

トピックについて考えましょう。Sample Sentences を読み、見本文の人はどんな人か考えます。次に自分だったらどうかなと考えながら Words and Phrases A B を見ます。

Step 2 Listening

Sample Sentences と Words and Phrases と My Opinion の音声をアプリできくことができます。音声をチェックしましょう。

mpi オトキコ ※TAGAKIのワークブックでは「mpiオトキコ」アプリで音声を聴くことができます。

考える

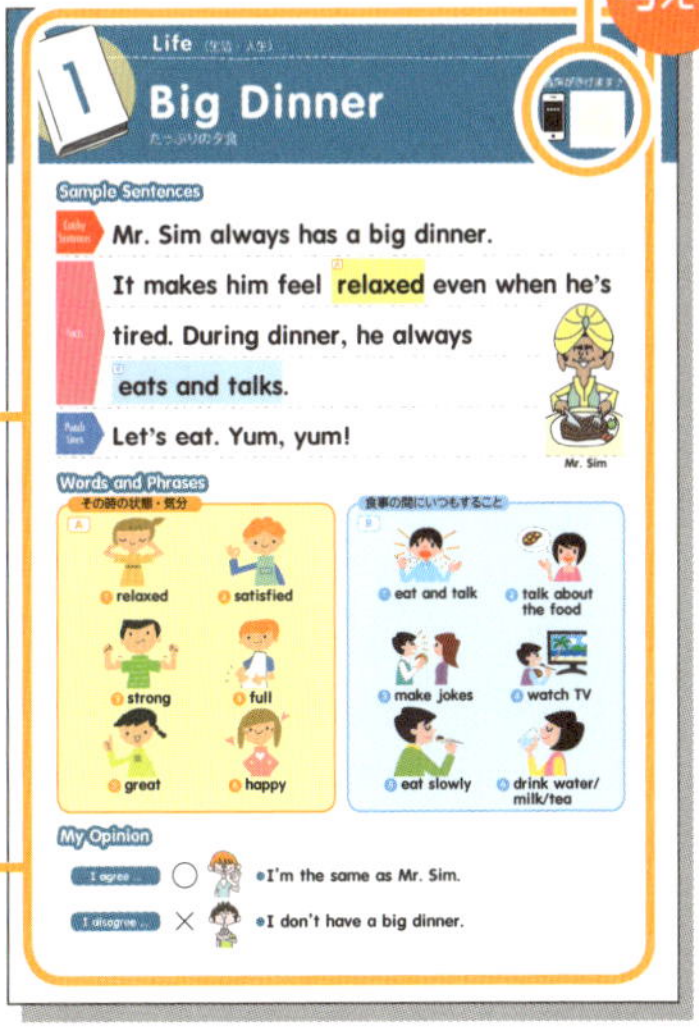
Life (生活・人生)
1 Big Dinner
たっぷりの夕食

Sample Sentences

Mr. Sim always has a big dinner.
It makes him feel relaxed even when he's tired. During dinner, he always eats and talks.
Let's eat. Yum, yum!

Mr. Sim

Words and Phrases

その時の状態・気分
A
1 relaxed 2 satisfied
3 strong 4 full
5 great 6 happy

食事の間にいつもすること
B
1 eat and talk 2 talk about the food
3 make jokes 4 watch TV
5 eat slowly 6 drink water/milk/tea

My Opinion

I agree ... ○ ●I'm the same as Mr. Sim.
I disagree ... × ●I don't have a big dinner.

Step 1 トピックを確認したら見本文を読みます。他人の事情を理解し、自分の興味、関心の幅を広げましょう。同時に文章の構成を確認しましょう。

赤→「つかみ・イントロ」(Catchy Sentences)

ピンク→「事実・本文・説明」(Facts)

青→「おち・締め・結論」(Punch Lines)

Step 2 音声を確認しましょう。

書く

Step 3 「なりきりライティング」をします。ここでは、見本文の人になったつもりで内容を書いていきます。見本文が3人称で書かれているので、3人称を1人称(私・私達)に文法的に変え、自分に当てはまる単語やフレーズを選びながら、全文(30語前後)を書きましょう。
例えば、トピック1のBig Dinner（たっぷりの夕食）でMr. Simの見本文をそのまま使用した場合は変更箇所は次の7カ所です。
＊但し、入れ替え単語に違うものを選んだ場合は変更箇所は異なります。

（3人称→1人称）

1. Mr. Sim → I　2. has → have　3. him → me　4. he's → I'm
5. he → I　6. eats → eat　7. talks → talk

書く・伝える

Step 4 「なりきりライティング」をもう一度見ないで書き、その文を暗記し、声に出して言いましょう。

Step 5 最後に、My Opinionのヒントを参考に、I agree ...（賛成）か、I disagree ...（反対）のどちらかの意見を書きます。本当のところ、自分自身はこの内容に賛同するのか、しないのか自分の意見を表明しましょう。ヒントが自分の意見に合わない時は独自の意見を書いてみましょう。そして声に出して言いましょう。

ペアやグループで学ぶ人へ

考える

Step 1 1人で読み、理解するためにタイマーを3～5分に設定するのもよいアイデアです。そして音声でも確認します。

Step 2 学習者は見本文に登場する人物のイラストに注目し、同時に文章の構成を確認します。

書く

Step 3 静かに、それぞれの学習者が「なりきりライティング」をします。入れ替えフレーズを上手に使えば、同じ「なりきりライティング」でも、少しは違う「なりきりライティング」になるはずです。書く手順は1人で学ぶ人と同様の内容で書き進めましょう。

書く・伝える

Step 4 「なりきりライティング」をもう一度、見ないで書きましょう。書き終えたら、ペア同士で音読するのがよいでしょう。音読をすると文法的な間違いに気付くことが多いです。書き終えたら、それを暗記して発表しましょう。

Step 5 学習者はMy Opinionのコーナーに注目し、I agree ...（賛成）とI disagree ...（反対）のヒントを利用して、自分の意見を書きます。書いた自分の意見を暗記したらグループの中で発表し、次に全員の前で発表をします。発表者には温かい大きな拍手をしましょう。グループで学ぶ際、このような小さなことがとても大切です。お互いの意見を認め合い、尊重し合うことで学習効果は上がっていきます。モチベーションも持続していきます。

1 たっぷりの夕食は最高！

Life〈生活・人生〉

1 Big Dinner
たっぷりの夕食

Sample Sentences

Catchy Sentences Mr. Sim always has a big dinner.

Facts It makes him feel [A] relaxed even when he's tired. During dinner, he always [B] eats and talks.

Punch Lines Let's eat. Yum, yum!

Mr. Sim

Words and Phrases

A その時の状態・気分

1. relaxed
2. satisfied
3. strong
4. full
5. great
6. happy

B 食事の間にいつもすること

1. eat and talk
2. talk about the food
3. make jokes
4. watch TV
5. eat slowly
6. drink water/milk/tea

My Opinion

I agree ... ○  ●I'm the same as Mr. Sim.

I disagree ... ×  ●I don't have a big dinner.

夕食をたっぷり食べるシムさんは、夕食の間中おしゃべりをしてご飯を食べます。どんなに疲れていてもリラックスできるそうです。日本語には「いただきます」や「ごちそうさま」という毎日使う言葉がありますが、英語にはありません。あえて言えば、Let's eat.やThat was good.でしょうか。

2 カーレースはドキドキ

2

Sport 〈スポーツ〉

Car Racing

カーレース

Sample Sentences

Catchy Sentences: Azi loves car racing.

Facts: Someday, he wants to go to [A] the USA to see the famous car race. It's one of [B] the coolest car races in the world.

Punch Lines: The engine sounds shake Azi's heart!

Words and Phrases

行きたい国

A

① the USA

② Monaco

③ France

④ Peru

⑤ Germany

⑥ Argentina

カーレースの様子

B

① the coolest

② the longest

③ the fastest

④ the loudest

⑤ the most expensive

⑥ the most dangerous

My Opinion

I agree ... ○  ●I love car racing, too.

I disagree ... ×  ●I'm different from Azi.

アジーさんはカーレースが大好きです。あのエンジン音が彼の心をぶるぶる震わせるそうです。「何でカーレースについて書くの？」と怒っている人はそのすごさを知らない人です。カーレースの中には40万人の観客を動員する、ものすごいお祭りになるものもあるそうです。お祭り好きなら好きかも？

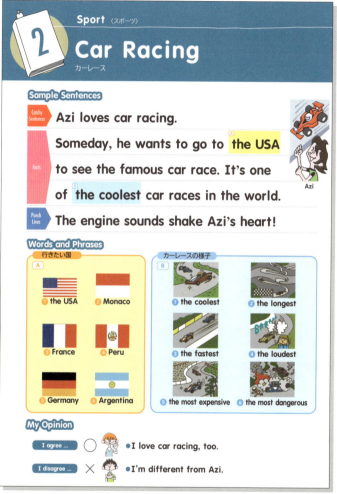

Life 〈生活・人生〉

Childhood

子ども時代

3 子ども時代が人生の華

Sample Sentences

Catchy Sentences
Bella thinks children enjoy their lives more than adults do.

Facts
Children [A] study more and grow wiser. They have [B] more imagination, which makes their lives more enjoyable.

Punch Lines
Childhood is the best time of life!

Words and Phrases

My Opinion

I agree ... ○ 
- I also think children enjoy their lives more than adults do.

I disagree ... × 
- I don't think children study more.

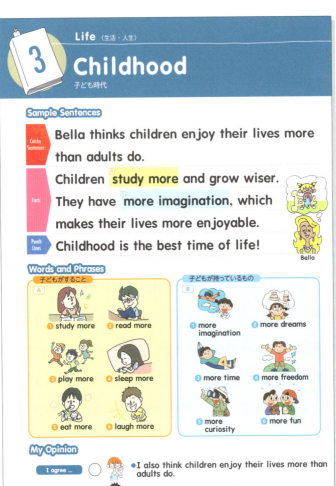

ベラさんの考えでは、子どもの時の方が大人より人生を楽しめる。子どもは勉強すれば賢くなるし、想像力もある。人生で最高の時！　これについては、子どもの時は何をやっても楽しかったという人もいれば、絶対に大人の方がもっと楽しみがあるという人もいるでしょうね。childhood（子ども時代）、adulthood（大人の時）。

4 コーラスは楽しい

Music〈音楽〉

Chorus
コーラス

Sample Sentences

Catchy Sentences: Chadi thinks singing together is a lot of fun.

Facts: In the future, he wants to join [A] a pop chorus group. He hopes his group will someday perform [B] in New York.

Punch Lines: Let's sing la, la, la, la!

Words and Phrases

参加したいグループ

A
1. a pop chorus group
2. a gospel chorus group
3. a dancing and singing chorus group
4. the school chorus club
5. a community chorus group
6. a professional chorus group

発表したい場所

B

1. in New York

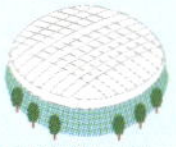
2. at Tokyo Dome

3. on TV

4. at a school festival

5. at a local festival

6. at a concert hall

My Opinion

I agree ... ○  ●In the future, I also want to join a pop chorus group.

I disagree ... ×  ●I don't think singing together is a lot of fun.

歌は一緒に歌うと楽しいという人がいます。チャディさんもその１人。いつかポップコーラスグループに入り、ニューヨークで歌いたいそうです。歌は１人で歌う方がよいという人もいます。夢はミュージカルスター？　演歌歌手？　でも確かに合唱も楽しいですよね。ばっちり合った時は最高。さあ、あなたはどっち？

5 料理でみんなを笑顔に

Food 〈食べもの〉

5 Cooking

料理

Sample Sentences

Catchy Sentences Didi sometimes cooks on weekends.

Facts When she cooks [A] homemade pizza, everybody is glad. She wants to cook more often and surprise her [B] friends.

Punch Lines Some people eat to live, and others live to eat.

Didi

Words and Phrases

時々作る料理

A
1. homemade pizza
2. spicy fried chicken
3. my special spaghetti
4. rice
5. miso soup
6. noodles

びっくりさせたい人

B
1. grandma/grandpa
2. mom/dad
3. brother/sister
4. cousins
5. friends
6. boyfriend/girlfriend

me

My Opinion

I agree ... ○ ●I sometimes cook on weekends, too.

I disagree ... × ●I don't cook homemade pizza.

週末になると料理をしたくなるディディさんは、手作りのピザを作ってみんなを喜ばせます。料理が苦手な人でも、ご飯やおみそ汁くらいなら作れるかもしれませんね。あなたは「生きるために食べる」派？　それとも「食べるために生きる」派？　ここで人生は大きく分かれるかも。

6 住むなら田舎

Places〈場所〉

6 Country

田舎《いなか》

Sample Sentences

Catchy Sentences: In the future, Enam wants to live in the country.

Facts: She thinks the country is [A] healthier.
In the country, she'll enjoy [B] growing vegetables.

Punch Lines: Ah, breathe that fresh country air!

Words and Phrases

A 田舎《いなか》について思うこと

① healthier

② quieter

③ slower

④ cheaper

⑤ friendlier

⑥ more peaceful

B 田舎《いなか》で楽しむこと

① growing vegetables

② chatting with neighbors

③ eating fresh eggs

④ going mountain climbing

⑤ going to the local festivals

⑥ going on a mushroom hunt

My Opinion

I agree … ○  ●In the future, I want to live in the country, too.

I disagree … ×  ●In the country, I won't enjoy growing vegetables.

田舎暮らしに憧れているエナムさん。田舎暮らしは健康的だし、野菜作りも楽しめる。ああ、おいしい空気を吸い込もうと、うれしそう。しかし、田舎暮らしは絶対に嫌だという人もいますね。虫は多い、夜は暗い、行く所がない、コンビニもない等。あなたはどっち？

7 肉より魚！

Food 〈食べもの〉

7 Fish
魚

Sample Sentences

Catchy Sentences When someone asks Fui, "Would you like fish or meat?" she always answers, "Fish, please."

Facts She likes [A] sashimi. Eating fish will make her [B] smart.

Punch Lines Thank you, fish!

Fui

Words and Phrases

My Opinion

I agree ... ○  ●I like sashimi, too.

I disagree ... ×  ●When someone asks me, "Would you like fish or meat?" I never answer, "Fish, please."

肉がよいか、魚がよいかと聞かれて、いつも魚と答えるフイさんは、刺身が大好き。魚を食べると頭が良くなるらしいです。肉好きも魚好きな人になりきってみましょう。Fish or meat?（魚か肉か）、Tea or coffee?（お茶かコーヒーか）、Soup or salad?（スープかサラダか）はよく聞かれる人生の3重要選択かも。

8 フレンドリーな人は世界を救う？

8

Personality 〈パーソナリティー〉

Friendly

フレンドリーな人

Sample Sentences

Catchy Sentences — Fal is a friendly person.

Facts — He's always [A] calm. He often [B] says hello to people.

Punch Lines — Let's make the world a better place.

Fal

Words and Phrases

性格 A
1 calm
2 gentle
3 kind
4 peaceful
5 cheerful
6 quiet

人によくすること B
1 say hello to
2 smile at
3 talk to
4 call
5 send emails to
6 ask questions of

My Opinion

I agree ... ○ ●I often say hello to people, too.

I disagree ... × ●I'm shy, but I make people happy in my own way.

ファルさんはフレンドリーな人。いつも落ち着いていて、誰にでも挨拶をします。そういう人は世界をより住みやすい場所にしてくれますね。勿論、静かな人も世界をよくするのは可能です。あなたはどっち？でも一番大切なことは、自分のやり方で世界をより住みやすい場所にしようとすることです。

9 どんな良い夢を見たことある？

Personality 〈パーソナリティー〉

9 Good Dreams

良い夢

Sample Sentences

Catchy Sentences: **Imm always has good dreams.**

Facts: **In one of her good dreams, she [A] got a perfect score in a test. In another good dream, she [B] flew like a bird.**

Punch Lines: **She's so lucky!**

Imm

Words and Phrases

良い夢

A B

1. got a perfect score in a test

2. won a soccer match

3. did a good presentation

4. passed the university entrance exam

5. wrote a good essay

6. finished the project on time

7. flew like a bird

8. met a person I've really wanted to meet

9. talked with Napoleon Bonaparte

10. sang with my favorite singer

11. won the lottery

12. became a famous artist

My Opinion

I agree ... ○  ●I flew like a bird in my dream, too.

I disagree ... ×  ●In my dream, I didn't get a perfect score.

いつも良い夢を見るイムムさん。夢の中ではテストで満点を取るし、鳥みたいに飛んだこともあるそうです。ラッキーな人ですね。英語では良い夢をgood dreamsと言いますが、悪い夢はnightmaresと言います。良い夢を見た時のことを思い出して楽しく考えてみましょう。

10 今、楽しいことが大切！

Personality 〈パーソナリティー〉

10 Grasshoppers

キリギリスタイプの人

Sample Sentences

Catchy Sentences: Mim is a grasshopper-type person.

Facts: The grasshopper says, "Play now and work later." She [A] listens to music first and then [B] worries.

Punch Lines: All work and no play makes Jack a dull boy!

Words and Phrases

始めにすること A

① listen to music

② check my emails

③ take a nap

④ play games

⑤ eat snacks

⑥ play with my pet

その後すること B

① worry

② do the chores

③ practice calligraphy/ soccer/the piano

④ do my homework

⑤ clean my room

⑥ have regrets

My Opinion

I agree ... ○  ●I truly enjoy my life, too.

I disagree ... ×  ●I'm not a grasshopper-type person.

人間にはアリタイプとキリギリスタイプの人がいるそうです。ここで登場するミムさんはキリギリスタイプ。今遊んで、後で勉強。まずは音楽を聴いてリラックスしてから、後で心配する。パンチラインの「働いてばかりいるとつまらない人間になる」という古い格言、英語ではこのように言います。あなたもキリギリスタイプ？

11 髪型は私の一部

Fashion 〈ファッション〉

11 Hairstyle
髪型《かみがた》

Sample Sentences

Catchy Sentences: Jox is really fond of his hairstyle.

Facts: He has [A] long hair. He dyed his hair [B] dark brown.

Punch Lines: He thinks he's too cool for school!

Words and Phrases

My Opinion

I agree ... ○  ●I'm really fond of my hairstyle, too.

I disagree ... ×  ●Hairstyle isn't a big issue in life.

自分のヘアスタイルがお気に入りのジョックス君は、長い髪を茶色に染めている。まるでアイドルスター、ということは、コンサート出演でも狙っているのでしょうか。「髪を染める」はdye、これはdie(死ぬ)という単語と全く同じ発音です。しかし、スペリングは違うので要注意。

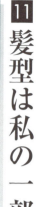

12 待っていました！ 暑い夏

Seasons〈季節〉

12 Hot Summers

暑い夏

Sample Sentences

Catchy Sentences: Our teacher Mr. Han likes a hot summer.

Facts: He enjoys [A] swimming in the sea. He's careful, too. He makes sure to [B] drink a lot of water.

Punch Lines: Ah, it's nice and hot!

Mr. Han

Words and Phrases

My Opinion

I agree ... ○ ●I'm looking forward to a hot summer!

I disagree ... × ●I don't enjoy swimming in the sea.

暑い夏が大好きなハン先生。海で泳ぐのが大好きですが、水を頻繁に飲んだりと、注意もしています。夏好きもよいですが、注意しなければならない事もたくさんありますね。暑い夏が大好き？　それとも苦手？　熱中症(heatstroke)に気を付けて！

13 忘れられない小学校最後の日

School Life 〈学校生活〉

Last Day of School

学校最後の日

Sample Sentences

Catchy Sentences: Nam still remembers her last day of elementary school.

Facts: She clearly remembers giving [A] **an album** to the teachers. She was very [B] **sad.**

Punch Lines: She misses her school so much!

Words and Phrases

先生にあげたもの [A]

1. an album
2. hugs
3. some presents
4. messages
5. letters
6. some flowers

その時の気持ち [B]

1. sad
2. overexcited
3. happy
4. nervous
5. calm
6. lonely

My Opinion

I agree ... ○ ●I also miss my school so much.

I disagree ... × ●Elementary school is a distant memory.

小学校最後の日の事をよく覚えているナムさん。先生にアルバムをプレゼントしたとか、とても悲しかったとか。反対に小学校を卒業した時のことを覚えていないという人もいます。remember＋動詞のing形（〜したことを覚えている）とremember to＋動詞（忘れないで〜する）は使い分けましょう。

14 落とし物に注意！

14
Life 〈生活・人生〉

Lost and Found

落としもの

Sample Sentences

Catchy Sentences: This is a true story of lost and found.

Facts: One day, Mr. Natt lost his [A] bicycle key. He couldn't find it anywhere. He was very shocked.

Punch Lines: Later, he found it [B] in his shoe!

Words and Phrases

My Opinion

I agree ... ○ ●One day, I lost my bicycle key, too.

I disagree ... × ●This story is crazy/foolish/unbelievable.

ナットさんは自転車の鍵を失くし、どこにもなくてショックだったけれど、後ほど、どういうわけか靴の中で見つけたそうです。自分の「失くした！　見つけた！　物語」を思い出して楽しく考えてみてください。駅等に書いてあるLost and Foundという表示は「遺失物取扱所」の意味です。

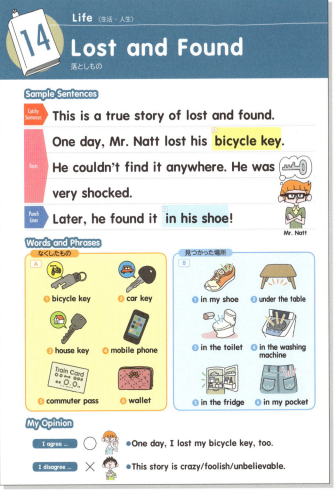

Music〈音楽〉

Melody
メロディー

Sample Sentences

Catchy Sentences — Kiki loves making beautiful melodies.

Facts — She plays [A] the violin with a lot of feeling.
Her family always [B] turns off the TV when she practices.

Punch Lines — Her family is the best!

Kiki

Words and Phrases

演奏する楽器 A

① the violin

② the piano

③ the keyboard

④ the recorder

⑤ the cello

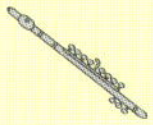
⑥ the flute

家族がいつもすること B

① turn off the TV

② come to listen

③ say, "Please be quiet."

④ close the door

⑤ open the windows

⑥ give me a big hand

My Opinion

I agree ... ○  ●I play the violin with a lot of feeling, too.

I disagree ... ×  ●I just play the music the way it's written.

美しいメロディーを楽しむキキさん。バイオリンの練習をしていると、家族が協力的でテレビを消してくれるそうです。音楽についてあなたの家族は協力的？　非協力的？　turn on the TV（TVをつける）とturn off the TV（TVを消す）は覚えておくと便利です。

16 月に行けたら、何をしようかな

Space〈宇宙〉

16 Moon
月

Sample Sentences

Catchy Sentences: If Luz gets a chance, he'll go to the moon.

Facts: He wants to [A] walk on the moon. But the trip to the moon will cost so much money that he'll have to [B] save money first.

Punch Lines: It's going to be tough!

Words and Phrases

My Opinion

I agree ... ○ ●I'll have to save money first, too.

I disagree ... × ●Even if I get a chance, I won't go to the moon.

月に行ってみたいラズさんの話です。月の上を歩いてみたいけれど月旅行はお金がかかりそうなので、まずは貯金から始めなくてはならないと考えています。It's going to be tough!　(それは、なかなか大変だ!)は、日常生活でも使えそうな表現です。

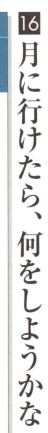

17 忙しい朝は、ロボットにお願い

Technology 〈テクノロジー〉

17 Morning

朝

Sample Sentences

Catchy Sentences: Mia is always too busy in the morning.

Facts: She believes that she has to [A] take a shower before she leaves home. She wants a robot that will [B] cook her breakfast.

Punch Lines: That would be awesome!

Words and Phrases

My Opinion

I agree ... ○ ●I'm always too busy in the morning, too.

I disagree ... × ●I think that morning should be a relaxing time.

朝はいつもばたばたのミアさん。出かける前にシャワーを浴びるので、せめてロボット君がいて、朝ごはんを作ってくれたらよいのにと思っています。皆さんはどうですか？　朝、ロボット君にやってもらいたいことは何？　忘れていた宿題？　やってくれたらThat would be awesome!（それはよいですね！）なんですが…

18 家族で楽しむお正月

18 Seasons〈季節〉
New Year's Day
お正月

Sample Sentences

Catchy Sentences: In Gon's family, they all like New Year's Day.

Facts: They like eating A osechi, the special New Year's food. They look forward to B going to a shrine.

Punch Lines: Happy New Year!

Gon's family

Words and Phrases

A 好きな正月料理

1. osechi, the special New Year's food
2. rice cakes
3. ozoni, the special New Year's soup
4. sea bream
5. black beans
6. radish and carrot salad

B 楽しみにしていること

1. going to a shrine
2. having a big family party
3. getting some New Year's money
4. going to get a lucky bag
5. watching TV all day
6. doing nothing

My Opinion

I agree ... ○ ●In my family, we all like New Year's Day, too.

I disagree ... × ●We get too lazy to go to a shrine.

お正月を楽しむというのは日本人だけではなく、多くのアジアの人にとってもmust(絶対的なもの)ですね。ゴンさんの一家は、おせちを食べるのも好きだし、初詣も好き。あなたはどうですか？ like＋動詞のing形(〜するのが好き)やlook forward to＋動詞のing形(〜するのが楽しみ)は覚えておきたい表現です。

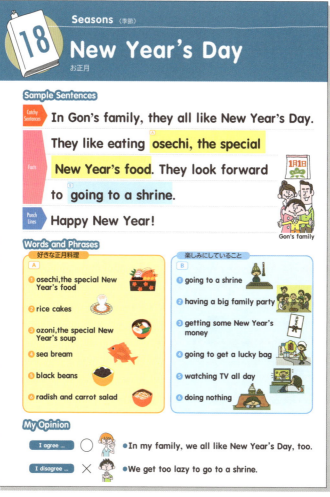

Nature 〈自然〉

19 Night Sky
夜空

Sample Sentences

Catchy Sentences: Raj likes looking up at the night sky.

Facts: He thinks the night sky is the most beautiful with [A] a full moon. He thinks the night sky is the best [B] in spring.

Punch Lines: Yawn! Good night!

Words and Phrases

夜空を一番美しくするもの

A

1 a full moon

2 the twinkling stars

3 a shooting star

4 the Milky Way

5 a total eclipse

6 a crescent moon

最高の季節・場所

B

1 in spring

2 in summer

3 in autumn (fall)

4 in winter

5 on the beach

6 on top of a mountain

My Opinion

I agree ... ○ 
- I also think the night sky is the most beautiful with a full moon.

I disagree ... × 
- The night sky is only dark, after all.

夜空を見上げて、満月を楽しむラジュさんです。春の夜が一番よいと言っていますが、皆さんはどの季節の夜空が一番よいと思いますか？ Yawn! はあくびを表しています。くしゃみならAh-choo! このような英語は英語のマンガの中にたくさん出てきます。

20 アウトドア派は人生を謳歌

Life〈生活・人生〉

20 Outdoors

アウトドア派

Sample Sentences

Catchy Sentences: My grandpa likes going outdoors a lot.

Facts: He likes (A) the beach. He feels happy when he (B) goes fishing.

Punch Lines: It's such a great feeling to be in nature.

my grandpa

Words and Phrases

A 好きな場所

① the beach

② big parks

③ the beautiful mountains

④ the river banks

⑤ the waterfalls

⑥ the forests

B 幸せを感じる時

① go fishing

② go swimming

③ ride my bike

④ go jogging

⑤ have a barbeque party

⑥ go rock climbing

My Opinion

I agree ... ○  ●I feel happy when I go fishing, too.

I disagree ... ×  ●I think that the outdoors are full of danger.

アウトドアを楽しむおじいさんの話です。浜辺へ行っての魚釣りに幸せを感じるそうです。元気なおじいさんはたくさんいて、アウトドア派も多いですね。山登りにマラソン、トライアスロン、90歳以上の人もやっているのはびっくりです。あなたの周りの人はどうですか？

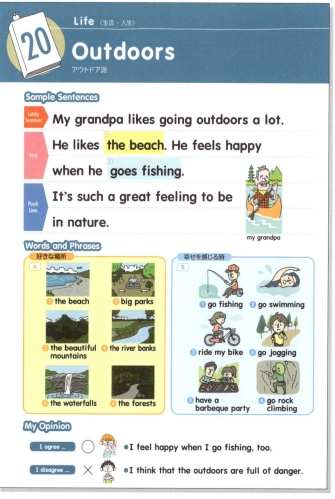

21 パーティー大歓迎!

Personality 〈パーソナリティー〉

21 Parties

パーティー

Sample Sentences

Catchy Sentences: Mof is a party person. She loves parties.

Facts: Of course, she goes to a lot of [A] birthday parties. What she likes most about parties is the [B] surprising costumes.

Punch Lines: Let's party!

Words and Phrases

A よく行くパーティー

1. birthday parties
2. Halloween parties
3. Christmas parties
4. welcome parties
5. farewell parties
6. anniversary parties

B 一番好きなもの

1. surprising costumes
2. good food and drink
3. decorations
4. fun people
5. nice places
6. good jokes

My Opinion

I agree ... ○ ●I love parties, too.

I disagree ... × ●Parties are tiring for me.

モフさんはパーティー大好き。誕生会は勿論のこと、人がびっくりするような衣装を着てパーティーに行くのが一番好きだそうです。パーティーは千差万別。豪華なものから少人数の小さなもの、美味しい物を食べるパーティーに、何もないパーティー。Let's party! は「大いに楽しもう!」と言う時に使います。

22 心を静めて、ゆっくり過ごそう

22 Life 〈生活・人生〉
Quiet
静かに

Sample Sentences

Catchy Sentences
When my cousin Sid feels stressed,
he likes to stay quiet.

Facts
He stays in his room and [A] reads comics.
He sometimes [B] plays with his pet, too.

Punch Lines
This is how he makes himself feel better.

Words and Phrases

部屋の中ですること A

1. read comics
2. listen to music
3. fiddle with my mobile phone
4. play games
5. go to bed and sleep
6. think quietly

時々すること B

1. play with my pet
2. eat my favorite snacks
3. do nothing
4. watch TV
5. practice handstands
6. draw pictures

My Opinion

I agree ... ○ ●I stay in my room and read comics, too.

I disagree ... × ●When I feel stressed, I don't like to stay quiet.

ストレスを感じたらあなたならどうしますか？　いとこのシッドはマンガを読んだり、ペットと遊んだり、静かにしています。どうやって自分の気分を良くするかは、いろいろと方法がありますね。feel stressed（ストレスを感じる）はひとかたまりで覚えましょう。その時stressedの発音に気を付けてください。

23 ペットはロボット

Technology〈テクノロジー〉

23 Robot Engineers
ロボットエンジニア

Sample Sentences

Catchy Sentences: **Ulla wants to be a robot engineer.**

Facts: **She's interested in making cute robot pets such as [A] baby pandas. She also wants to help people [B] walk.**

Punch Lines: **Welcome to the future!**

Ulla

Words and Phrases

My Opinion

I agree ... ○  • I'm also interested in making cute robot pets.

I disagree ... ×  • Being a robot engineer sounds too difficult for me.

皆さんはどんなロボットが欲しいですか？　ウラさんは将来、可愛いペットロボットを作りたいし、人が歩くのも助けたいと思っています。「未来へようこそ！」というのが「おち」です。be動詞＋interested in＋動詞のing形（～するのに興味がある）やhelp people＋動詞（人が～するのを手伝う）はよく使います。

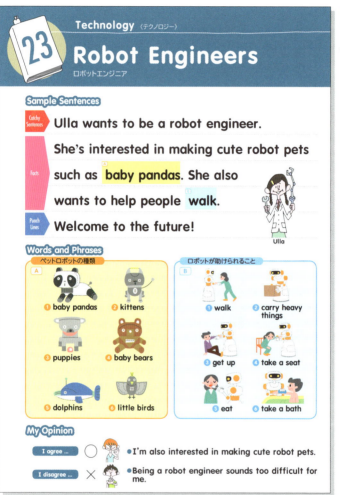

24 話し上手は人気者

24 Personality 〈パーソナリティー〉

Speakers

話し上手な人

Sample Sentences

Catchy Sentences: Ves is a good speaker.

Facts: She talks a lot and she's [A] expressive.

She often says, "[B] Fantastic!"

Punch Lines: Good speakers make everybody smile.

Words and Phrases

性格 A

① expressive ② open-minded
③ positive ④ sociable
⑤ happy ⑥ energetic

よく言うこと B

① Fantastic! ② Exactly!
③ That's a good idea. ④ I agree with you.
⑤ That's a miracle! ⑥ You can do it!

My Opinion

I agree ... ○ ●I like to make everybody smile.

I disagree ... × ●I don't talk a lot and I'm not expressive.

話し上手な人というのはどういう人でしょうか？　Fantastic!　（とても素晴らしい！）やYou can do it!　（あなたならできる！）等、会話に合った表現を使うと、ベスさんのようにコミュニケーションが上手く行くこと間違いありません。是非実行してください。人生が楽しくなるかもしれません。

25 人間はどこまで速くなる？

25 Sport 〈スポーツ〉

Sprinting

短《たん》距《きょ》離《り》走《そう》

Sample Sentences

Catchy Sentences: Po thinks sprinting is a lot of fun.

Facts: He practices sprinting [A] with the track and field club. Someday, he wants to go to [B] Jamaica to see the best training.

Punch Lines: Okay! Whoosh!

Words and Phrases

練習するところ A

① with the track and field club

② in the playground

③ on the steps at home

④ in the gym

⑤ on the steps at a shrine

⑥ on a hill

行きたい国 B

① Jamaica

② the USA

③ the Bahamas

④ South Africa

⑤ the UK

⑥ the Netherlands

My Opinion

I agree ... ○ 
- I also want to go to Jamaica to see the best training.

I disagree ... × 
- I don't have the muscles for sprinting.

人間はどこまで速く走れるようになるでしょうか？　ポーさんは、短距離走が面白くてたまらないようです。陸上部で練習していますが、いつかはジャマイカに行って最高のトレーニング法を見てみたいそうです。Whoosh!　は「ビューン!」と走るという意味です。

26 夏休みは挑戦の時

Life〈生活・人生〉

26 Summer Vacation

夏休み

Sample Sentences

Catchy Sentences: Zui thinks summer vacation is a challenging time.

Facts: He wants to [A] start something new. At the same time, he's trying not to [B] go to bed late.

Punch Lines: Give it a try!

Words and Phrases

挑戦したいこと

A
1. start something new
2. travel alone
3. go to bed early
4. attend some special events
5. cook once a week
6. read more books

しないようにすること

B
1. go to bed late
2. get too lazy
3. play too many games
4. keep saying, "It's hot!"
5. ignore my homework
6. eat and drink too much

My Opinion

I agree ... ○ ● I'm also going to try not to go to bed late.

I disagree ... × ● I don't want to start something new, because it's just too hot.

夏休みは挑戦の時と考えるズイさん。目標は何か新しいことに挑戦する、遅く寝ない、です。皆さんもやってみたいことや、悪い癖を直す等、何か夏休みに挑戦しますか？　そんなこと言ったって、夏は暑いだけという人もいますよね。want to（～したい）、try not to（～しないようにする）。

Food 〈食べもの〉

27 Sweets

スイーツ

Sample Sentences

Catchy Sentences: Ms. Wad loves sweet things.

Facts: For example, she likes [A] chocolate very much. But she knows sweet things are bad for her, so she tries to have [B] fruit instead.

Punch Lines: She's doing her best!

Ms. Wad

Words and Phrases

A 好きなもの

1. chocolate
2. cake
3. parfait
4. candy
5. pancakes
6. pie

B 代わりに食べるもの

1. fruit
2. vegetables
3. rice crackers
4. diet supplements
5. smoothies
6. soup

My Opinion

I agree ... ○ 
● I like chocolate very much, too.

I disagree ... × 
● I don't think sweet things are bad for me.

27 スイーツのない人生なんて！

スイーツ好きなワッドさんは、チョコレートが大好きです。しかし、スイーツの食べ過ぎは体によくないので、代わりに果物を食べようと頑張っています。砂糖は人類最悪の麻薬という説があるらしい。酒も、しかり。どちらもおいしい！　これが困ったことです。

Places 〈場所〉

28 Toyama Prefecture

富山県

Sample Sentences

Catchy Sentences: Wym's family is planning a trip to Toyama Prefecture.

Facts: They'll visit the famous places, for example, [A] the Kurobe Dam. They'll also enjoy [B] riding the trolley trains.

Punch Lines: It's an awesome place!

Wym's family

Words and Phrases

有名な場所

A

① the Kurobe Dam

② Mount Tsurugi

③ Toyama Bay

④ the Snow Wall (Yuki-no-Otani)

⑤ the Tateyama Kurobe Alpine Route

⑥ Gokayama

体験したいこと

B

① riding the trolley trains

② riding the cable cars

③ rafting

④ going hiking

⑤ eating firefly squid

⑥ buying tulip bulbs

My Opinion

I agree ... ○  ●I think that Toyama is really cool!

I disagree ... ×  ●We'll visit other famous places.

28 富山県は魅力的！

日本には47都道府県がありますが、今回は富山県に家族旅行を計画しているウイムさん一家。富山へ行ったら黒部ダムへ行ってトロッコ列車にも乗りたいそうです。それぞれの県にそれぞれ素晴らしい所があり、どこに行くか選ぶのに困ります。自分が行きたい県に置き換えて言ってみましょう。

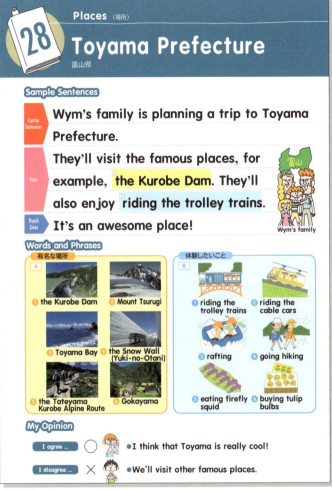

29 旅行するなら列車に乗って

29 Personality 〈パーソナリティー〉

Trains

列車

Sample Sentences

Catchy Sentences When Zim's family goes on a trip, they like to go by train.

Facts Trains are [A] convenient. They sit back and relax. They enjoy [B] watching the scenery from the windows.

Punch Lines Let's go right now.

Zim's family

Words and Phrases

列車の良い点 [A]

① convenient

② punctual

③ cheaper

④ safer

⑤ comfortable

⑥ friendly

楽しめること [B]

① watching the scenery from the windows

② eating a boxed lunch

③ playing games together

④ reading magazines

⑤ talking a lot

⑥ taking a nap

My Opinion

I agree ... ○ 
- We enjoy watching the scenery from the windows, too.

I disagree ... × 
- Trains are too boring.

列車旅行が好きなジムさん家族の話です。列車は便利ですし、リラックスできて、窓からの景色を見るのもよい。勿論、飛行機や豪華長距離バスも便利ですし、楽しめると思いますがここでは、楽しい列車旅行のイメージを膨らませてみてください。familyの代名詞にはtheyやweを使います。

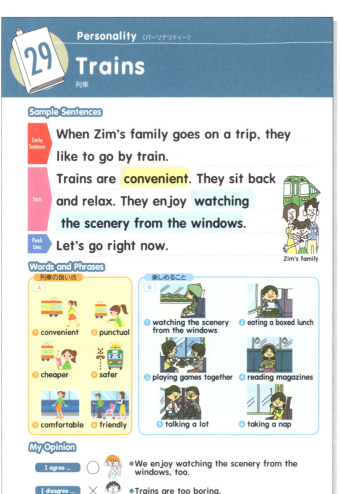

30 勝つことは気持ちいい！

30 Life〈生活・人生〉

Winning
勝つこと

Sample Sentences

Catchy Sentences: Winning is always special.

Facts: Last year, the red team won [A] the dance contest. They practiced every day. It was so close. They got [B] a big trophy.

the red team

Punch Lines: Oh, yeah!

Words and Phrases

A 勝った競技会

① the dance contest

② the sports day

③ the marathon

④ the play contest

⑤ the debating contest

⑥ the long jump rope competition

B もらったもの

① a big trophy

② a big certificate

③ a gold medal

④ nice prizes

⑤ travel tickets

⑥ many photos

My Opinion

I agree ... ◯  ●We got a big trophy, too.

I disagree ... ✕  ●Losing makes people think.

何事でも「勝つ」ことは気分が良いです。去年、ダンスコンテストで勝ったチームは毎日練習して、接戦で勝つことができました。It was so close.は、「僅差だった」ということです。ここのcloseは、「閉める」という動詞とは違って形容詞です。発音もちょっと違います。

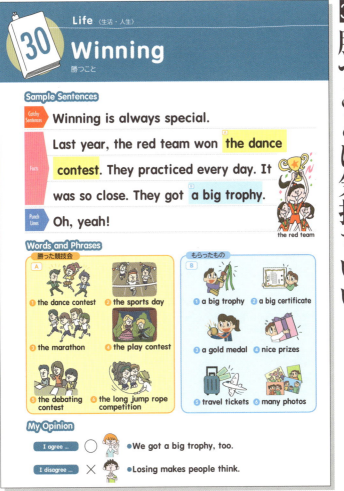

書く 5~7分で書きましょう。

『TAGAKI 40』P.4-5より

Step 3 Writing

Hints for Original Sentences を参考にして、 Facts に自分のオリジナル文を2文加え、全文を書き写しましょう。初めのうちは、写しても構いませんが、徐々《じょじょ》に自分のオリジナル文を書けるようにしましょう。

Step 4 Writing

Writing Time 1 で書いた文を見ないで、もう一度書きましょう。

伝える

Step 5 Speaking

Writing Time 2 で書いた文を覚えて声に出して言いましょう。

TAGAKI 40のやり方・進め方

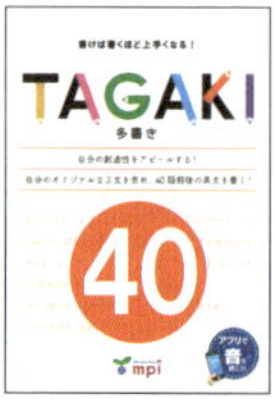

TAGAKI 40では自分のオリジナル文を書くので、自分の創造性(creativity)を発揮し楽しく羽ばたいてみましょう。また「書く」だけでなく「伝える」ところで、自分が好きなトピックを選んで学習者がみんなで発表し合えたらどんなに楽しいか、わくわくしてきますね。

1人で学ぶ人へ

上記の手順で進めていきましょう。

考える

進め方

文の構成

- **Catchy Sentences（つかみ）** これからこのような話をすると、端的《たんてき》に相手にわからせ、ひきつけることを書きます。
- **Facts（事実）** つかみを裏付ける説明や事実関係、理由などを書きます。
- **Punch Lines（おち）** 話のしめくくりになることを書きます。

Step 1 Thinking Reading

トピックについて考えましょう。Sample Sentences の Catchy Sentence を読んで、テーマを読み取ります。次に Facts のリード文を読み、自分のオリジナル文を2文考えます。

Step 2 Listening

Sample Sentences と Hints for Original Sentences の音声をアプリできくことができます。音声をチェックしましょう。

mpi オトキコ ※TAGAKIのワークブックでは「mpiオトキコ」アプリで音声を聴くことができます。

考える

Step 1 まず、見本文の「つかみ」を読んで、テーマを読み取ります。「事実」の始めの文は、自分のオリジナル文を書くためのリード文になっているので、リード文の内容にそって、自分のオリジナル文を2文考えます。

Step 2 音声を確認しましょう。

書く

Step 3 「つかみ」と「事実」のリード文を書き写してから、ヒントを参考に「事実」に自分のオリジナル文を2文書きましょう。始めのうちはヒントを写すだけでも構いませんが、徐々に自分の力で書けるとよいでしょう。最後に「おち」のパンチラインを書き写して全文を完成させましょう。パンチラインは徐々に自分独自の文が書けるようになるとよいでしょう。

Step 4 書いた文を全部もう一度、見ないで書きましょう。

伝える

Step 5 書き終えたら、全文を暗記して声に出して言ってみましょう。暗記は苦しい面もありますが、暗記をしておくといざという時に、書くということだけでなく話す、プレゼン等をする場合にも役に立つでしょう。

ＴＡＧＡＫＩでは、最後を冗談で締めくくっていますが、試験や面接等、時と場合によっては冗談が受け入れられない場面があるかもしれません。その時のために、「真面目バージョン」を準備しておくのもよいかもしれません。

また、もっと長く書きたいと思う人はこれまでに学んだ英語を有効活用し、文と文の間にもう1文を入れて、長い文を書いてみるとよいでしょう。

ペアやグループで学ぶ人へ

考える

Step 1 **Step 2** まず、学習者自身でトピックを確認して、イラストを参考に4つのヒントを自力で読みます。そして音声でも確認します。学習者が英語で話し合うことが可能なグループやクラスであれば、ヒントについて自由に話し合いをするのも効果的です。

書く

Step 3 書く手順は１人で学ぶ人と同様の内容で書き進めましょう。

Step 4 もう一度見ないで書きますが、その前に、ペア同士でお互いの文を見せ合うのもよいでしょう。新鮮な発見があるかもしれません。

伝える

Step 5 書いた文を暗記したら、ペアやグループで発表しましょう。その後、我こそはと手を挙げた学習者に全員の前で発表してもらいます。理想はＴＡＧＡＫＩ 40を学んだ人達が、発表会を開くことです。

発表会のやり方

発表会のやり方は２通りあります。

方法１ ３人位で１グループになり、同じトピックについて発表します。同じトピックでも、いろいろな考え方があるとわかるでしょう。

方法２ ＴＡＧＡＫＩ 40の中からそれぞれが好きなテーマを選んで発表します。様々なトピックについて、様々な考え方があることがわかり、発表会が充実するでしょう。発表する時には、原稿を見ないで、楽しそうに発表しましょう。

1 エイプリルフールにつきたい嘘は？

Culture 〈文化〉

April Fool's Day

エイプリルフール

Sample Sentences

Catchy Sentences

April 1st is April Fool's Day. On that day, you're allowed to tell a lie before noon.

Facts

Here're some lies you might want to tell.

1 Original Sentences

2 Original Sentences

Punch Lines

Liar, liar, pants on fire!

Hints for Original Sentences

❶ **I found a snake in my house!**

❷ **My dad won the lottery!**

❸ **Mount Everest has erupted!**

❹ **An alien was caught by the police!**

4月1日は世界中でエイプリルフールです。この日は午前中なら嘘をついてもよいのです。これまでついた嘘、これからつきたい嘘を考えて書いてみましょう。♪Liar, liar, pants on fire!（嘘つき、嘘つき、ズボンが燃えているぞ！）というのは有名なマザーグースの一節です。これも嘘ですよね。

2 お弁当は愛情がたっぷり

Culture〈文化〉

Bento
弁当

Sample Sentences

Catchy Sentences: **Bento is a must for Japanese people. And homemade bento is special.**

Facts: **Here're some important rules for homemade bento.**

1 Original Sentences

2 Original Sentences

Punch Lines: **My mom's bento is the best!**

bento ... boxed lunch

Hints for Original Sentences

❶ **You must make it colorful.**

❷ **You must make it healthy.**

❸ **You must make it very big/small.**

❹ **You must make it decorative.**

日本人の生活には欠かせないお弁当の話題です。それぞれの家庭で大切にしている自家製弁当のルールは何ですか？　必ず５色を入れる？　茶色の物は入れない？　タコさんウインナーはmust（絶対的な物）ですか？　もし、世界キャラ弁コンテストがあったら、日本のお母さんは優勝間違いなし。

3 電車通学、通勤時間の有効活用

Life 〈生活・人生〉

Commuting by Train

電車通学／通勤

Sample Sentences

Catchy Sentences	**In Japan, many people commute to offices and schools by train.**
Facts	**Here're some good things about commuting by train.**
	1 Original Sentences
	2 Original Sentences
Punch Lines	**I love people watching, too.**

Hints for Original Sentences

❶ **Trains are usually on time.**

❷ **People get a chance to take a nap.**

❸ **People can check their mobile phones.**

❹ **Students can do their homework.**

多くの人の生活に欠かせないのが電車通学、通勤です。電車通学や通勤は大変なことも多いけれど、自動車社会の人にはわからない楽しみもあります。例えば、夕方のローカル線は高校生の放課後のお楽しみ会みたいなところがありますね。people watchingは人間観察をするという意味です。

4 飼い主の悩み

Living Things〈生きもの〉

Dogs
犬

Sample Sentences

Catchy Sentences: **Dogs do funny things all the time. The owners sometimes get mad at their dogs.**

Facts: **Here're two things that "bad" dogs sometimes do.**

1 Original Sentences

2 Original Sentences

Punch Lines: **But I still love them.**

Hints for Original Sentences

❶ They eat everybody's slippers.

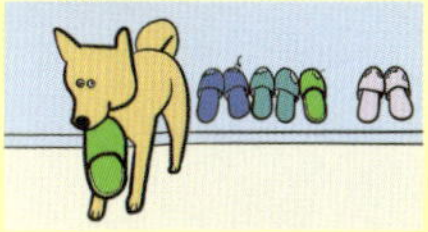

❷ They chase the neighbor's cat.

❸ They chew cardboard boxes.

❹ They make a big mess.

犬のいたずらで困っている飼い主は大勢います。たとえ犬を飼っていない人でも、こんなことをされたら困るということを考え、思い付く限り書いてみましょう。ちなみにオーストラリアでは、犬が10分以上吠えたり、猫を追い詰めたりしたら、隣人が通報できて、飼い主に罰金が科されるそうです。でも犬って可愛いですよね。

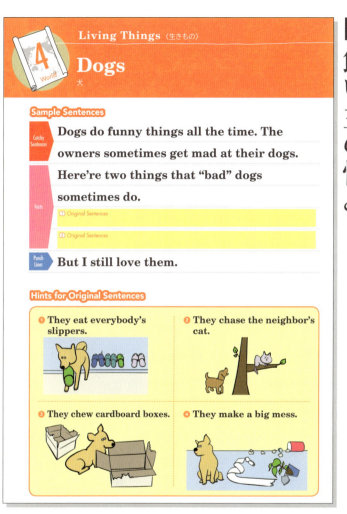

5 花火大会をもっと楽しむには

Culture 〈文化〉

Fireworks

花火大会

Sample Sentences

Catchy Sentences In many different times and places, men and women, young and old, have loved fireworks.

Facts Here're some suggestions for when you go to a fireworks festival.

1 Original Sentences

2 Original Sentences

Punch Lines Fireworks over water are especially beautiful.

Hints for Original Sentences

❶ You eat shaved ice and takoyaki.

❷ You wear a yukata.

❸ You bring a picnic sheet to sit on.

❹ You bring an umbrella in case of rain.

日本の花火の美しさは世界的にも有名です。全国各地で自慢の花火大会があり、多くの日本人の誇りです。また、それは夏の風物詩として文化の一部でもあります。こんなことをしたらもっと花火大会が楽しくなるというアドバイスはありますか？　自分だけの鑑賞スポット等、可能な範囲で秘密も教えてください。

6 ようこそ、新入生！

Life〈生活・人生〉

Freshmen

新入生

Sample Sentences

Catchy Sentences

April is a special month in Japan. It's the beginning of the year in schools and companies.

Facts

Here're some things that freshmen often say.

1 Original Sentences

2 Original Sentences

Punch Lines

Welcome freshmen!

Hints for Original Sentences

1 **I'll study/work hard.**

2 **I'll get up early.**

3 **I'll make many friends.**

4 **I'll change my hairstyle.**

誰もが一度は経験する「新入生」。日本で新入生が生まれるのは４月です。まずは自分が新入生だった時のフレッシュな気持ちを思い出して、書いてみましょう。新学期とか官公庁の年度の始まりは、世界各国で異なります。日本では４月が年度の始まりと説明できるようになりましょう。

7 徒歩通学は大変？

Life〈生活・人生〉

7 World

Going to School on Foot

徒歩通学

Sample Sentences

Catchy Sentences

Many children in the world walk to school. It's an important part of some children's lives to walk to school with their friends.

Facts

Here're some good points about walking to school.

1 Original Sentences

2 Original Sentences

Punch Lines

Don't be silly! Don't be late!

Hints for Original Sentences

❶ **The children make friends.**

❷ **The children enjoy going to school together.**

❸ **The children learn social rules and manners.**

❹ **Walking is good for the children's health.**

世界の子ども達の登下校風景は様々です。子どもだけで通学させない国もあります。ここでは徒歩で登校する場合の利点を考えてみましょう。自分が徒歩通学をして育った人は、いろいろと秘密の楽しみがあったのでは？　私の息子はかたつむり、草笛、石けり等、通学路にたくさんの楽しみがあって大変でした。

8 広島の過去から学ぼう

Places〈場所〉
Hiroshima
広島

Sample Sentences

Catchy Sentences

A visit to Hiroshima will be a great experience for visitors from foreign countries, as well as Japanese people of all ages.

Facts

If you go to Hiroshima, here're some suggestions.

1 Original Sentences

2 Original Sentences

Punch Lines

"No more nuclear weapons!" is our wish.

Hints for Original Sentences

1 **You visit the Hiroshima Peace Memorial Museum.**

2 **You visit the Atomic Bomb Dome.**

3 **You attend the memorial ceremony on August 6th.**

4 **You participate in the guided tour by survivors.**

核兵器のない世界を目指している人類ですが、広島は祈りの場として世界中の人に訪問して欲しい場所です。A as well as B（Bと同様にAも）の使い方ですが、ここではAがvisitors from foreign countries（世界からの訪問客）でBがJapanese people of all ages（あらゆる年齢の日本人）です。

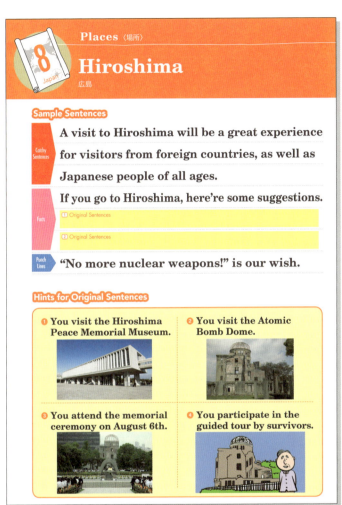

9 教えてあげよう、温泉のマナー

Culture〈文化〉

Hot Spring Manners

温泉のマナー

Sample Sentences

Catchy Sentences

Foreign guests are welcome at Japanese hot springs.

Facts

But there're a few rules they need to know.

1 Original Sentences

2 Original Sentences

Punch Lines

Aaaaaaah! That feels sooooo goooooood!

Hints for Original Sentences

❶ **Swim suits aren't allowed.**

❷ **Wash your body before you get into the hot water.**

❸ **Don't put your towel in the hot water.**

❹ **Don't make too much noise.**

最近はどこの温泉にも外国からの観光客が来ています。勿論、大歓迎なのですが守ってもらいたいルールもあるので、それを考えて教えてあげましょう。「自分は絶対に他人と裸でお風呂に入ったりしない！」と決意をして日本に来る外国の方も、一度入ったらやみつきになるようです。

10 一番簡単な家事

Life 〈生活・人生〉

Housework

家事

Sample Sentences

Catchy Sentences: **Of all the housework, some people say the laundry is the easiest.**

Facts: **If you're asked to do chores, you might choose the laundry. Here're two reasons.**

① Original Sentences

② Original Sentences

Punch Lines: **Make sure you check all the pockets before doing the washing!**

Hints for Original Sentences

❶ **It's really easy. The machine does everything.**

❷ **You can play with your mobile phone while you wait.**

❸ **Freshly dried clothes smell so good.**

❹ **You can watch TV while you fold the washed clothes.**

家事なら洗濯が一番簡単という話題です。洗濯をしたことがない人も、いつも何も考えずにしている人も、洗濯という家事の良いところを考えてみましょう。of all the＋名詞（全ての〜の中で）と言う時、普通は名詞の複数形がここに入りますが、housework（家事）は不可算名詞なので、このまま使います。

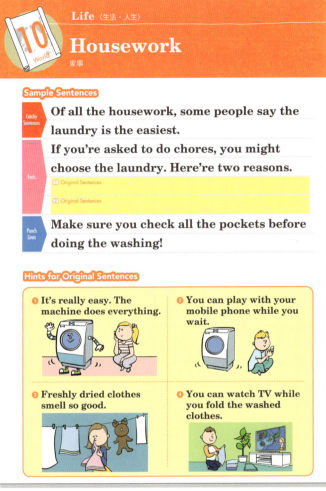

Sport 〈スポーツ〉

Karate

空手

11 Japan

Sample Sentences

Catchy Sentences

If you have a karate black belt, you have to register with the police. Well, that's NOT true!

Facts

Here're some common images people have of karate practitioners.

① Original Sentences

② Original Sentences

Punch Lines

Yahhhhhh!

Hints for Original Sentences

❶ **They have strong voices.**

❷ **They all look fit.**

❸ **They can break bricks with their hands.**

❹ **They can protect weak people very quickly.**

11 空手のイメージ

空手をする人のイメージを書いてください。空手の有段者になったら、拳自体が武器になるので、警察に届け出が必要というのはよくできた嘘だそうです。このように空手は強いイメージがありますが、空手ができる人のイメージは人それぞれ違うかもしれません。他の人が書いた意見が面白いかもしれません。

12 速くて見えません

Sport〈スポーツ〉

Kendo

剣道《けんどう》

Sample Sentences

Catchy Sentences	**Kendo is a popular sport nowadays, but it's hard to judge a kendo match.**
Facts	**Here're two reasons.**
	1 Original Sentences
	2 Original Sentences
Punch Lines	**Blink and you'll miss it!**

Hints for Original Sentences

❶ **It's too fast to judge.**

❷ **The rules are complicated.**

❸ **There're three judges for a match, but that's not enough. It's still hard to judge.**

❹ **Both fighters hit each other many times.**

どうして剣道の審判は大変なのか考えてみてください。そんなことはわからないと言う人は、剣道をやったことがある人に聞いてみてください。私はある中学生から「剣道は結局、フェンシングのように電極に繋がないと審判ができない。しかし、伝統を重んじる剣道ではあり得ないだろう」と教えてもらいました。

13 ネッシーはジョークだった！

Mystery 〈ミステリー〉

Loch Ness Monster

ネッシー

Sample Sentences

Catchy Sentences

In 1933, a couple claimed they saw a monster in Loch Ness, a lake in Scotland, but it was only a joke!

Facts

Personally,

1 Original Sentences

2 Original Sentences

Punch Lines

Thousands of people have believed the joke!

Hints for Original Sentences

❶ **I wanted to go to Scotland to see Nessie!**

❷ **I've seen a picture of Nessie.**

❸ **I think the joke was very well made.**

❹ **I think the joke made the lake a famous place.**

スコットランドのネス湖にいるという、ネッシーと呼ばれる恐竜みたいなものの写真を見たことがある人も多いことでしょう。一説によると3,000人もの人がそれを実際に見たと証言したというのに、それが嘘だったそうで、世界中の人ががっかりしたそうです。なかなか雰囲気のある写真でしたけどね〜。

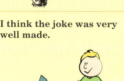

14 漫才師はつらいよ

Entertainment〈娯楽《ごらく》〉

Manzai Performers

漫才師《まんざいし》

Sample Sentences

Catchy Sentences

Many Japanese young people yearn to be Manzai performers. They perform funny talks in pairs. Actually, it's a very hard job.

Facts

Here're two reasons.

① Original Sentences

② Original Sentences

Punch Lines

Everyone loves a good joke!

Hints for Original Sentences

❶ **They must write their own scripts.**

❷ **They must practice a lot.**

❸ **It's hard to make people laugh all the time.**

❹ **They don't get paid if they aren't funny.**

日本の多くの若者が憧れる漫才師という職業ですが、決して簡単になれるものではないし、運良くなれたとしても継続するのはもっと難しいでしょう。常に笑いを提供し、寄席やテレビに出演を続けるには、才能と努力と運が必要です。いつも感心するのは自分達でネタを考えていることです。

15 マリー・アントワネットの生涯

History〈歴史〉

15 World

Marie Antoinette

マリー・アントワネット

Sample Sentences

Catchy Sentences: **I'll interview Marie Antoinette, of France.**

Facts: **When she was only 14 years old, she was sent to France from Austria to marry the future king Louis XVI. Here're my questions.**

1 Original Sentences

2 Original Sentences

Punch Lines: **She was executed by guillotine in 1793 during the French Revolution.**

Hints for Original Sentences

❶ **Did you really say, "Let them eat cake"?**

❷ **Why did the French Revolution happen?**

❸ **Were you the most tragic queen in history?**

❹ **Were the wigs heavy?**

誰でも知っているマリー・アントワネットに、タイムマシーンに乗ってインタビューしに行きます。質問を考えましょう。そんなの無理、なんて言わず、この波乱万丈だった王妃の悲劇を少しでも知ってみましょう。She was executed ... は過去形で受動態です。「〜された」を表現するのに必要です。

16 マヨネーズがない人生なんて！

16 World

Food〈食べもの〉

Mayonnaise
マヨネーズ

Sample Sentences

Catchy Sentences	A short name for mayonnaise is “mayo.” It’s nice and short, isn’t it?
Facts	As you all know, potato salad without mayonnaise is just not right. Here’re some suggestions for enjoying mayonnaise more.
	① Original Sentences
	② Original Sentences
Punch Lines	No mayonnaise, no life!

Hints for Original Sentences

❶ You put mayonnaise on top of takoyaki.

❷ You dress asparagus with mayonnaise.

❸ You put mayonnaise on French fries.

❹ You put mayonnaise and soy sauce on top of rice.

マヨネーズの美味しい食べ方を教えてください。マヨネーズが嫌いという人も「〜と混ぜれば食べてもよい」くらいのスタンスで構いませんので、知恵を出してください。文の最後に，isn’t it?　を付けるとこなれた表現になります。As you all know,（皆さんも知っている通り）も使えるとかっこいいですね。

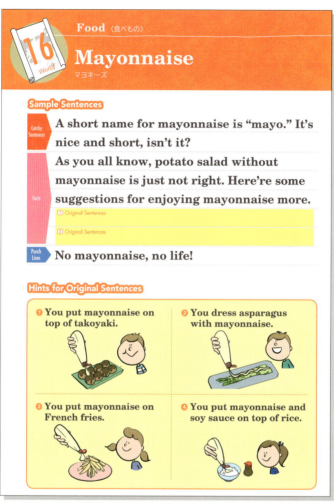

17 会ってみたいな、人魚姫

17 World

Mystery 〈ミステリー〉

Mermaids

人魚

Sample Sentences

Catchy Sentences

The famous statue of the Little Mermaid is in Copenhagen, Denmark. The statue was based on one of Hans Christian Andersen's fairy tales.

Facts

Here're some commonly said things about mermaids.

1 Original Sentences

2 Original Sentences

Punch Lines

Someday, someone might see a real mermaid!

Hints for Original Sentences

❶ **Mermaids are half human and half fish.**

❷ **Mermaids are actually dugongs.**

❸ **The Little Mermaid fell in love with Prince Charming.**

❹ **Mermaids are really good singers.**

デンマークにある人魚姫の銅像は、世界３大がっかり名所と言われているそうですが、アンデルセンの物語は素晴らしいですね。was based on ...（～に基づいて作られた）は他でも使い回しのできる表現です。one of＋名詞の複数はとてもよく使われる表現で、talesと複数形になっているのがポイントです。

18 現代アートはフィーリング

Art〈芸術〉

Modern Art Museums

現代美術館

Sample Sentences

Catchy Sentences

Everybody sees something different in modern art. It's like finding shapes in clouds.

Facts

Here're two important things you need to keep in mind when you go to a modern art museum.

1 Original Sentences

2 Original Sentences

Punch Lines

Why don't we try?

Hints for Original Sentences

❶ **You only need to feel something.**

❷ **You don't have to understand the work.**

❸ **You might find something you really like.**

❹ **You'd better take a small notebook to write down the artists' names. Someday, they might become famous.**

現代美術館や、モダンアート美術館に行ったことはありますか？　もし、あなたが「人間はなんと愚かな…」などと落胆することがあったら、現代美術館に行くことをお勧めします。人間はここまで考えられるのかと、きっと衝撃を受けることでしょう。keep in mind ...は「〜を心に留めておく」という意味です。

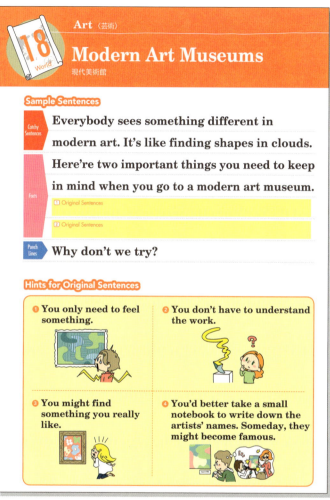

19 映画を好きな人は

19 World

Entertainment〈娯楽《ごらく》〉

Movies

映画

Sample Sentences

Catchy Sentences: **People around the world love movies. Why is that?**

Facts: **Movies are just like time machines. They can take you to a different time and place. Here're some reasons why people like movies so much.**

1 Original Sentences

2 Original Sentences

Punch Lines: **After two hours, you might feel different.**

Hints for Original Sentences

❶ **They want to see their favorite actors.**

❷ **They want to be just like their heroes.**

❸ **They want to enjoy good music and dance.**

❹ **They want to see remakes of famous stories.**

なぜ世界中の人は映画を愛するのでしょうか？　一説によると世界で最も映画好きなのはインドの人だそうです。あのエネルギーに満ちた歌や踊り、大騒ぎを見ると納得します。映画を見終わった後は、まるでタイムマシーンで別世界にでも行ったかのように、あなたの気持ちも2時間前とは変わっているかも？

20 神聖な山、富士山！

Places〈場所〉

Mount Fuji
富士山

Sample Sentences

Catchy Sentences
Mount Fuji is one of the most famous mountains in the world.

Facts
There're a few things you'd better know before you actually climb it.

1 Original Sentences

2 Original Sentences

Punch Lines
You can even see nice drawings of Mount Fuji in many public baths.

Hints for Original Sentences

1. **Mount Fuji is 3,776 meters high.**

2. **Mount Fuji is a sacred mountain.**

3. **You must start climbing at night to see the beautiful sunrise.**

4. **You can climb it from early July to early September.**

富士山は美しい絵や写真によって世界中で知られている山です。しかし、いざ登るとなるとなかなか大変です。私の場合、高山病で頭が痛い、気持ち悪い、一歩も足が出ない、などという経験を初めてしました。登ったことがある人は「〜を持って行けばよかった」等、教えてください。

21 花粉よ、飛ばないで！

Seasons 〈季節〉

21 Japan

Pollen Allergies

花《か》粉《ふん》症《しょう》

Sample Sentences

Catchy Sentences

Spring is a great season. But it's the season for pollen allergies, too! Many Japanese people suffer from them.

Facts

If you suffer from pollen allergies, you'll get some of the symptoms below.

1 Original Sentences

2 Original Sentences

Punch Lines

Go away pollen allergies! AaaaaAAACHOO!

pollen allergies … hay fever

Hints for Original Sentences

❶ **You can't stop sneezing.**

❷ **You get a runny nose.**

❸ **You get a headache.**

❹ **You get itchy eyes.**

日本では春にマスクをした人が大勢歩いています。本当に煩わしい問題です。花粉症でない人はラッキーですね！　でもいつ花粉症になるかわかりません。花粉症を発症すると現れる症状や、病気に関わる表現を覚えておくと、海外でも便利です。

22 誰もがラーメンの虜

Food〈食べもの〉
Ramen
ラーメン

Sample Sentences

Catchy Sentences: **Ramen is so good! It's an international food nowadays.**

Facts: **You can find ramen shops in almost any part of the world. Here're two reasons why ramen is popular.**

1 Original Sentences

2 Original Sentences

Punch Lines: **Without ramen, the world will end!**

Hints for Original Sentences

❶ **You can choose from different soup tastes.**

❷ **It gives you instant satisfaction.**

❸ **Each ramen shop offers their own original ramen.**

❹ **Ramen tastes better if you eat it with your friends.**

アジア以外の人々が大きな丼に入った麺を箸を使ってすするなどということは、以前は絶対に考えられませんでした。しかし、今では世界の大都市で、TONKOTSUやMISO RAMENという看板が、平気な顔をして街を賑わしています。Ramen is yummy!（ラーメンは美味しい！）はもう世界共通でしょうか？

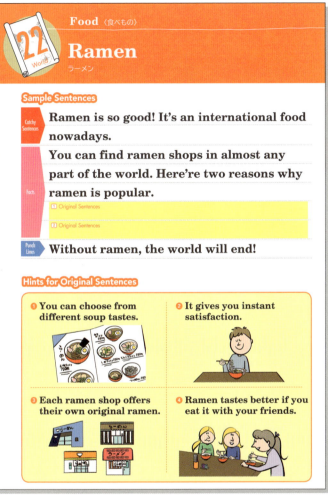

23
ただの虫じゃありません。強くてかっこいい！

Japan

23

Living Things〈生きもの〉

Rhinoceros Beetles and Stag Beetles カブトムシとクワガタムシ

Sample Sentences

Catchy Sentences

Japanese children, especially boys, love rhinoceros beetles and stag beetles. Why do boys like them so much?

Facts

Below are some possible reasons.

1 Original Sentences

2 Original Sentences

Punch Lines

Go fight, beetles!

Hints for Original Sentences

1 **They look like samurai warriors.**

2 **They look like superheroes.**

3 **It's exciting to find them in the forest.**

4 **A championship fighting match is exciting. You can give your beetles some special training.**

特に男の子ですが、カブトムシとクワガタムシに一度ははまってしまうのはどうしてでしょうか？　その理由を考えてみましょう。どんなことにも理由はあるはず。いつもWhy?　(なぜ？)の心を持って考えてみましょう。カブトムシ相撲大会で優勝するためには、特別なトレーニング法があるらしいです。

24 おにぎりは心のふるさと

Food〈食べもの〉

Rice Balls

おにぎり

Sample Sentences

Catchy Sentences

Rice balls are Japanese people's comfort food.
Even in foreign countries, many athletes must have rice balls to win their games.

Facts

Here're some things you need to know about rice balls.

① Original Sentences

② Original Sentences

Punch Lines

No rice balls, no Japanese life!

Hints for Original Sentences

❶ **You need rice, salt, and seaweed.**

❷ **Usually you put something in the middle, for example, grilled salmon, pickled plums (umeboshi), or dried bonito flakes (okaka).**

❸ **You make a ball / a triangle / an oval.**

❹ **You wrap each one in plastic wrap or aluminum foil.**

日本人の国民食であるおにぎり。海外に遠征する運動選手も必ず食べたくなる日本の味ですね。外国の方からおにぎりについて聞かれたと想定して、説明ができるようになりましょう。実は、おにぎりは日本国内でもそれぞれの地方でこだわりがあるらしいです。そのこだわりもばっちり教えてください。

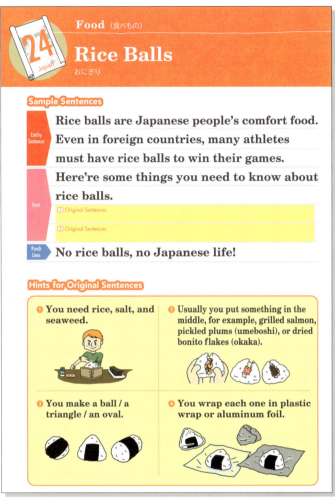

25 ショッピングモールがない生活なんて

Places〈場所〉

25 Japan

Shopping Malls
ショッピングモール

Sample Sentences

Catchy Sentences
Shopping malls are the center of everyday life for many Japanese people.

Facts
Nowadays, big shopping malls have many different kinds of businesses.

1 Original Sentences

2 Original Sentences

Punch Lines
I'd love to live in a shopping mall.

Hints for Original Sentences

❶ **There might be a public bath.**

❷ **There might be a small park with a cafe.**

❸ **There might be an art gallery.**

❹ **There might be movie theaters.**

ショッピングモールについて考えてみましょう。どんなものがあって、何が楽しいのか？　近年、都市でも地方でも大きなショッピングモールがたくさんあり、休日にショッピングモールへ行く人も多いです。自分が知っているショッピングモールで何かユニークなものはありますか？

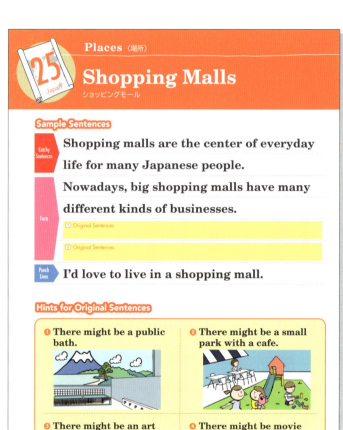

26 見るのはいいけど…

Nature〈自然〉

Snow

雪

Sample Sentences

Catchy Sentences

The amount of snowfall in Japan varies from zero centimeters to more than 300 centimeters. It depends on the areas where people live.

Facts

People have different feelings about snow.

1 Original Sentences

2 Original Sentences

Punch Lines

Dogs and children love snow!

Hints for Original Sentences

❶ **Let's go snowboarding.**

❷ **Hot springs in the snow are the best.**

❸ **No more snow, please.**

❹ **Snow is beautiful to look at.**

同じ日本の中でも、全く雪の降らない所と３メートル以上も降る所があります。ですから当然のことながら、雪に対する気持ちも様々です。雪についての自分の気持ちを整理しながら考えてみましょう。生まれて初めて雪を見た時にはどう感じましたか？　depends on ...（〜次第である）。

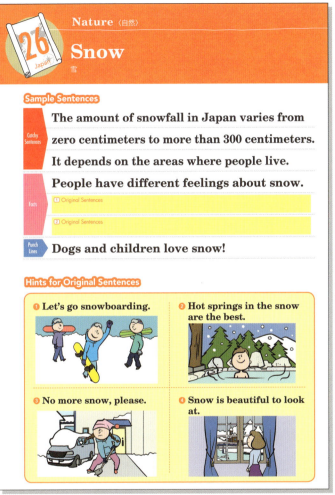

27 I ♥ たこ焼き

Food 〈食べもの〉

27 Japan

Takoyaki

たこ焼き

Sample Sentences

Catchy Sentences

According to a survey of what foreign tourists like to eat in Japan, takoyaki is number one in Osaka.

Facts

See below for what you need to make homemade takoyaki.

1 Original Sentences

2 Original Sentences

Punch Lines

If you eat more than 20, you might feel pretty bad afterwards.

Hints for Original Sentences

❶ **You need flour, eggs, cabbage, octopus, and pickled ginger.**

❷ **You need a takoyaki pan.**

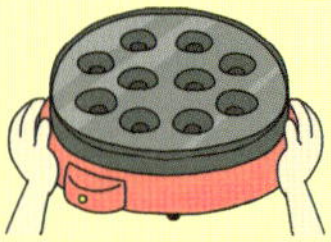

❸ **For topping, you might want powdered seaweed, mayonnaise, and dried bonito flakes.**

❹ **You need the best takoyaki sauce.**

また日本食の話題ですが、たこ焼きは大阪が一番なのはなぜか納得しますよね？　大阪の人はとにかくたこ焼きが大好きで、小腹がすけばすぐにたこ焼きを食べます。それに1家に1台、たこ焼き器があると聞きます。せっかくなので、作り方も教えられるようになりましょう。

28 トキよ、大空に羽ばたけ！

Living Things 〈生きもの〉

Toki
トキ

Sample Sentences

Catchy Sentences

Once wild Toki were extinct in Japan. But now the number is increasing.

Facts

Toki are important for the following reasons.

1 Original Sentences

2 Original Sentences

Punch Lines

Someday, hundreds of Toki might fly in our skies again.

Hints for Original Sentences

1. **Toki are the symbols of peaceful Japan.**

2. **The beautiful Toki color comes from the birds.**

3. **There used to be hundreds of Toki in the Edo period.**

4. **Toki survive only in good natural environments.**

美しい羽を持つ朱鷺（トキ）という鳥を知っていますか？　新潟県の佐渡ヶ島を中心にトキの繁殖が熱心に行われ、野生に戻ったトキの個体が徐々に増えているのは素晴らしいことです。トキが保護されているということは自然も保護されているということ。日本の空がトキ色に染まる日を夢見て。

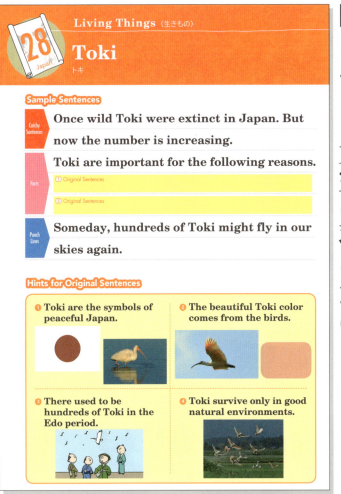

29 本当にイケメンだった？

History 〈歴史〉

Tutankhamen

ツタンカーメン

Sample Sentences

Catchy Sentences
I want to interview Tutankhamen, of Egypt. He was an Egyptian pharaoh of the 18th dynasty.

Facts
By using modern CT scan technology on his mummy, it was found that he was about 165 centimeters tall and around 19 years old when he died. Here're my questions.

1 Original Sentences

2 Original Sentences

Punch Lines
I hope he's as good-looking as his golden mask!

Hints for Original Sentences

❶ **Why were you buried in a golden coffin?**

❷ **How did you feel when you became a king at only nine years old?**

❸ **Why did you die at the age of 19?**

❹ **What did you eat every day?**

黄金のマスクで有名になったエジプトのファラオ、ツタンカーメンにインタビューしてみましょう。華々しいエジプトの歴史の中でも、あのマスクはその美しさが際立っています。歴史の勉強が好きな人も嫌いな人も、歴史上の人物に時空を超えてインタビューするということを考えると楽しいですね。

30 人生は短いが、芸術は永遠だ！

30 World

Art〈芸術〉

Van Gogh
ゴッホ

Sample Sentences

Catchy Sentences
Vincent Van Gogh is one of the greatest artists in history. People finally realized he was a genius only after he died.

Facts
Van Gogh's paintings attract many people's attention. Here're some reasons for that.

① Original Sentences

② Original Sentences

Punch Lines
Genius is timeless.

Hints for Original Sentences

❶ **He had a dramatic life.**

❷ **His paintings are so energetic.**

❸ **His brother supported him well.**

Theodorus Van Gogh

❹ **He sketched so much beautiful scenery.**

天才画家ゴッホについて考えてみましょう。どうして人々の心をひきつけるのか。ゴッホのヒマワリの絵の変遷を見ると、きっと何かを感じるはずです。ゴッホの人生もまた波乱万丈。そこから考えるのもよいですね。天才には時代なんて関係ないのです。

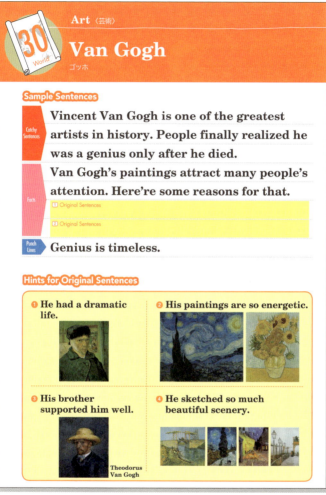

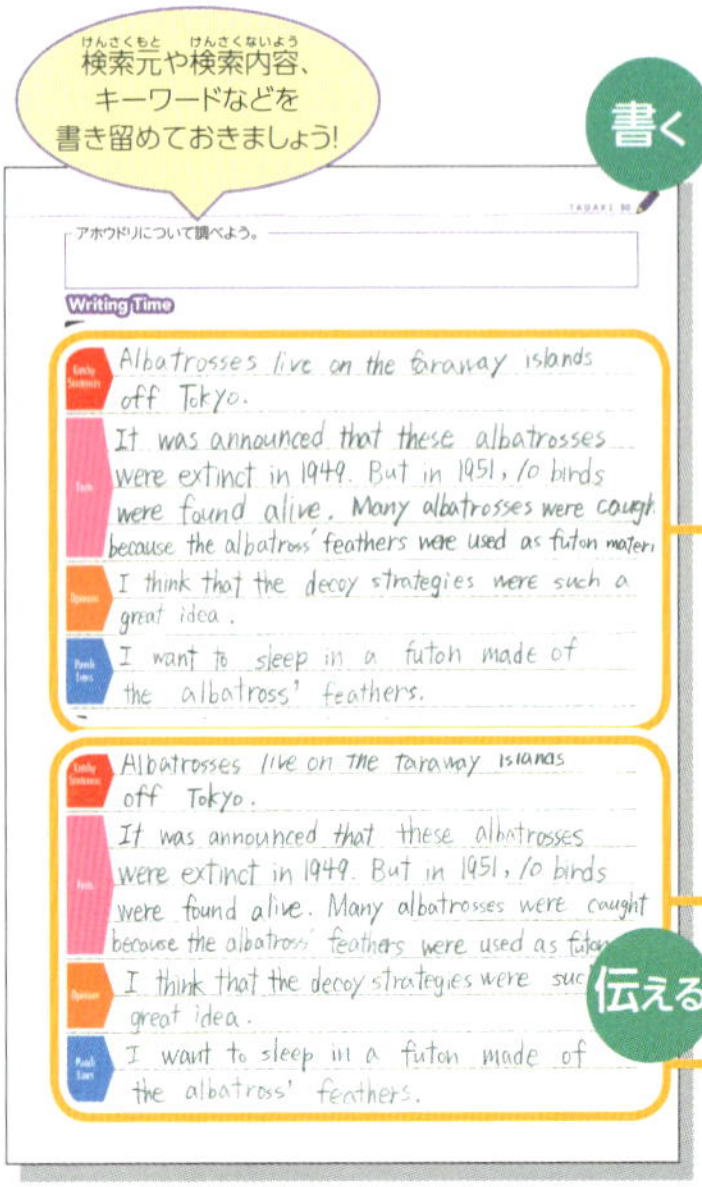

書く 7〜10分で書きましょう。

Step 3 Writing

Sample Sentences の Catchy Sentences と Facts のリード文を書き写し、自分が検索《けんさく》した結果でおもしろかった内容を選び、Facts に書き加えましょう。
Hints for Opinions を参考にして Opinions に自分の意見を書きましょう。
Hint for Punch Lines を参考に、Punch Lines に自分のオリジナルのパンチラインを書きましょう。

Step 4 Writing

Writing Time 1 で書いた文を見ないで、もう一度書きましょう。

伝える

Step 5 Speaking

Writing Time 2 で書いた文を覚えて声に出して言いましょう。

『TAGAKI 50』P.4-5より

TAGAKI 50のやり方・進め方

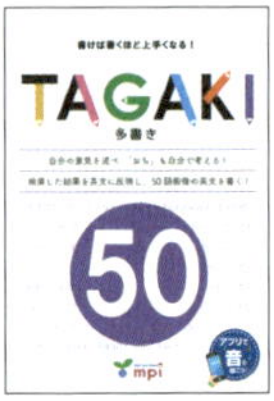

TAGAKI 50のチャレンジは、それぞれのトピックのテーマについて検索し、その結果を英文に盛り込みつつ、独自性を出していくことです。意見も加え、パンチラインも自分で考える時がきました。

1人で学ぶ人へ

上記の手順で進めていきましょう。

考える

進め方

文の構成

- **Catchy Sentences（つかみ）** これからこのような話をすると、端的《たんてき》に相手にわからせ、ひきつけることを書きます。
- **Facts（事実）** つかみを裏付ける説明や事実関係、理由などを書きます。
- **Opinions（意見）** 自分の意見や学んだことなどを書きます。
- **Punch Lines（おち）** 話のしめくくりになることを書きます。

Step 1 Thinking Reading Searching

トピックについて考えましょう。Sample Sentences の Catchy Sentences と Facts のリード文を読んで、テーマの内容について自分で検索《けんさく》をしましょう。検索内容《けんさくないよう》は右ページにメモしましょう。

Step 2 Listening

Sample Sentences と Hints for Opinions と Hint for Punch Lines の音声をアプリできくことができます。音声をチェックしましょう。

mpi オトキコ ※TAGAKIのワークブックでは「mpiオトキコ」アプリで音声を聴くことができます。

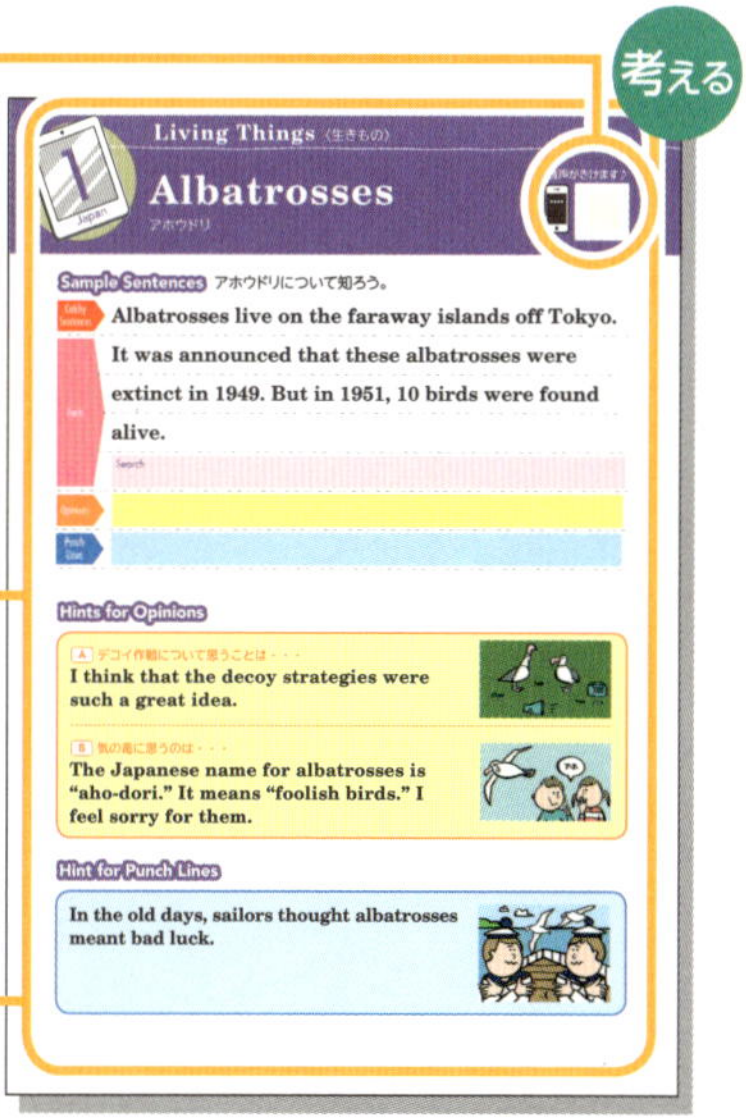

Step 1 まず、「つかみ」を読み、テーマがわかったら、スマートフォンやパソコン、タブレット、本等を使って検索しましょう。検索の結果はメモを取っておくと便利です。

Step 2 音声を確認しましょう。

書く

Step 3 「つかみ」と「事実」のリード文を書き写し、次に、リード文に書かれている内容以外で、自分が検索した結果で面白かったものを書き加えましょう。次に、ヒントのＡＢを参考に自分の意見をまとめて書きましょう。そしていよいよ、「おち」のパンチラインも自分で書きます。１つだけはヒントが載っていますが、勿論これに従う必要はありません。自分独自のパンチラインは大歓迎です。

Step 4 書いた文を全部もう一度、見ないで書きましょう。

伝える

Step 5 書き終えたら、全文を暗記して声に出して言いましょう。

ペアやグループで学ぶ人へ

考える

Step 1 **Step 2** まず、学習者自身が「つかみ」と「事実」の始めを読んで、トピックのテーマを理解します。次にトピックについて検索します。そして、音声も確認しましょう。

書く

Step 3 **Step 4** 書く手順は1人で学ぶ人と同様の内容で書き進めましょう。但し英語で検索をしたり、自分の意見をまとめたりすることに全く慣れていない学習者の場合は、始めのうちは書き写せるところは全て書き写すだけでも勉強になります。そのトピックを自分のものにしようとしてください。書いた文を全部もう一度、見ないで書きましょう。

伝える

Step 5 書いた文章を暗記したら、まずグループで発表し、その後、有志が全員の前で発表します。もし時間に余裕があったり、クラスの英語のレベルが高ければ、このトピックについて英語で自由にディスカッションをするのも効果的です。

最後に

「ラーニングピラミッド」という学説によると、学習の定着率が一番高いのは「人に教える・説明する」なのだそうです。ですから、日頃から仲間同士で様々なトピックについて教え合い、発表し合い、質問し合い、話し合い、学び合うことで、それが自分の学びになることを確かめてほしいのです。学習者が「教わるより教える」ということが今の教育観です。

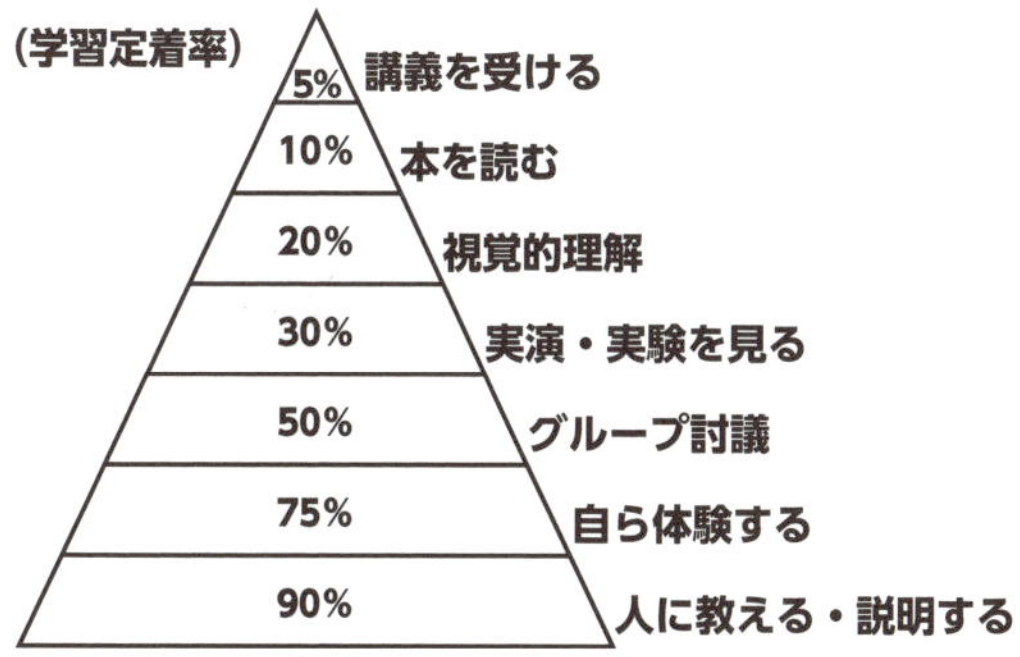

ラーニングピラミッド

出典：アメリカ国立訓練研究所（National Training Laboratories）

1 アホウドリはアホじゃない

Living Things 〈生きもの〉

1 Japan

Albatrosses

アホウドリ

Sample Sentences アホウドリについて知ろう。

Catchy Sentences: **Albatrosses live on the faraway islands off Tokyo.**

Facts: **It was announced that these albatrosses were extinct in 1949. But in 1951, 10 birds were found alive.**

Search

Opinions

Punch Lines

Hints for Opinions

A デコイ作戦について思うことは・・・

I think that the decoy strategies were such a great idea.

B 気の毒に思うのは・・・

The Japanese name for albatrosses is "aho-dori." It means "foolish birds." I feel sorry for them.

Hint for Punch Lines

In the old days, sailors thought albatrosses meant bad luck.

意見を言う時の最も代表的なリード文は勿論 I think that ...（思うことは～）です。とりあえず I think that ...と言う癖を付けましょう。I think that ...と言ってから意見を考える人もいます！　パンチラインのヒントによれば、アホウドリは悪運の象徴だったとか。お気の毒に。

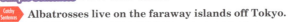

2 アルパカは癒し系

Living Things〈生きもの〉

2 World

Alpacas
アルパカ

Sample Sentences アルパカについて知ろう。

Catchy Sentences: **Alpacas are useful animals for people, especially in the Andes in South America.**

Facts: **I've learned that the fleece of alpacas is used for ponchos.**

Search

Opinions

Punch Lines

Hints for Opinions

A びっくりしたことは・・・
It's amazing that some people have alpacas as pets.

B かわいいと思うことは・・・
I think that alpacas look cute because their eyelashes are long. They seem to smile for you, too.

Hint for Punch Lines

They should hold beauty competitions to see which alpaca is cutest!

アルパカはアンデス山脈の高地に住み、見れば見るほど可愛い動物です。パンチラインのヒントにも「美アルパカ・コンテストをすればよいのに」とあります。自分の意見を表現するために、It's amazing that …(びっくりしたことは〜)のリード文も使ってみましょう。視野が広がります。

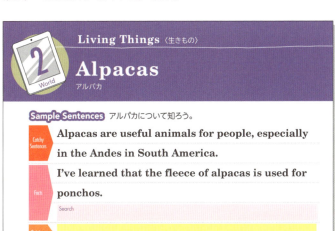

3 魅惑の砂漠

Nature 〈自然〉

Beautiful Deserts

美しい砂漠《さばく》

Sample Sentences 砂漠《さばく》の美しさを知ろう。

Catchy Sentences: **Deserts are beautiful. Some of them look like hills, rivers, and even oceans.**

Facts: **I found out that deserts change their shapes because of strong sandstorms.**

Search

Opinions

Punch Lines

Hints for Opinions

A 理解したことは・・・

I understand that deserts attract many photographers and artists because of their beauty.

B 驚いたことは・・・

It's surprising that some beautiful flowers bloom in deserts.

Hint for Punch Lines

By the way, my mouth is as dry as a desert.

砂漠は美しい。しかも刻々とその形を変え、色を変え、時には爆発的に花を咲かせ、たくさんの写真家や画家を魅了するのです。パンチラインのヒントによれば、喉が乾いた時に「口の中が砂漠のようにからから」というそうです。美しさと厳しさ、両方とも砂漠の真実に違いありません。

4 生きた芸術、盆栽

Art〈芸術〉

Bonsai Trees
盆栽《ぼんさい》

Sample Sentences 盆栽《ぼんさい》の世界を知ろう。

Catchy Sentences	**Bonsai trees are amazing! They're often called "living art."**
Facts	**I didn't know that bonsai trees are becoming more and more popular in many foreign countries.**
	Search
Opinions	
Punch Lines	

Hints for Opinions

A 信じがたいことは・・・

It's unbelievable that some of them have tiny real fruit such as persimmons and apples.

B 誇《ほこ》りに思うことは・・・

I'm proud that bonsai trees are a wonderful part of Japanese tradition.

Hint for Punch Lines

Wouldn't it be fun if we could grow bonsai pets? I could have a real mini-elephant on my hand!

盆栽は暇な老人の趣味、なんて思っている人は間違っています。検索してみると盆栽は何百年もの歴史があるだけでなく、今では国際的なビジネスの対象でもあるのでびっくりです。パンチラインのヒントに「盆栽ペットとかあったらいいな。手の上に盆栽ゾウを載せたい」とあります。楽しそう！

5 英雄だったドラキュラ

History 〈歴史〉

Dracula

ドラキュラ

Sample Sentences ドラキュラの真実を知ろう。

Catchy Sentences: **Dracula's full name is Vlad Dracula. He was born on November 10th, 1431, in Romania.**

Facts: **I found out that Dracula was a powerful king. Even today, he's a hero in his country.**

Search

Opinions

Punch Lines

Hints for Opinions

A 知ってうれしいことは・・・

I'm glad to know that Dracula as a vampire became popular because of the novel written by Bram Stoker, from Ireland.

B 自分がしたいことは・・・

I want to read some books to find out the true history.

Hint for Punch Lines

I wonder if Vlad Dracula had any friends.

知れば知るほど複雑な背景がある人物がドラキュラです。しかし、才能のある作家によって「吸血鬼」にされてから、そのイメージが世界に定着してしまいました。それ以来、どのくらい演劇、映画、マンガ等の作品になったかわかりません。あなたは史実派？　それとも文学派？

6 飛べないけど「ドラゴン」フルーツ

6 World

Food 〈食べもの〉

Dragon Fruit

ドラゴンフルーツ

Sample Sentences ドラゴンフルーツについて知ろう。

Catchy Sentences: **Dragon fruit is colorful. Some can be pink, yellow, or red.**

Facts: **Dragon fruit is grown in South America, Southeast Asia, Australia, and other places.**

Search

Opinions

Punch Lines

Hints for Opinions

A おもしろいことは・・・

It's interesting that the outside and inside of dragon fruit are very different.

B 自分がするべきことは・・・

I should eat more dragon fruit because now I know it's nutritious. Dragon fruit has polyphenols, dietary fiber, and vitamins B1, B2, C, and so on.

Hint for Punch Lines

I think dragon fruit looks much prettier than it tastes.

ドラゴンフルーツという日本ではまだまだ珍しい果物について調べてみましょう。It's interesting that ...（面白いことは～）やI understand that ...（理解したことは～）、It's unbelievable that ...（信じがたいことは～）等、いろいろなリード文を上手に使い意見を書きましょう。

Culture〈文化〉

Edo Period

江戸時代

Sample Sentences 江戸時代の文化レベルの高さについて知ろう。

Catchy Sentences: **Many people believe that the people of the Edo period enjoyed an advanced culture.**

Facts: **People enjoyed such cultural performances as sumo, rakugo (comic stories), and kabuki.**

Search

Opinions

Punch Lines

Hints for Opinions

A 自分が知りたいことは・・・

I want to know more about Matsuo Basho (1644-1694) who wrote haiku that many people can recite even today.

B 偉大《いだい》なことは・・・

It's great that Katsushika Hokusai (1760-1849) produced his world famous drawings.

Hint for Punch Lines

Basho's most famous haiku reads: "An ancient pond / a frog jumps in / the splash of water." People all over the world know Hokusai's print "The Great Wave off Kanagawa."

日本の歴史の中で一番文化が栄え、高度な文化成長を遂げたと言われるのが江戸時代です。今でも江戸時代の文化遺産に何かとお世話になっています。松尾芭蕉の「古池や…」の俳句や、葛飾北斎の波の木版画のことを自分の意見も入れて英語で説明できるとよいですね。

8 ノーベル平和賞はゴリラへ

8 World

Living Things〈生きもの〉

Gorillas
ゴリラ

Sample Sentences ゴリラの知能とコミュニケーション力について知ろう。

Catchy Sentences: **Gorillas are very smart and good at communication.**

Facts: **I've learned that gorillas carefully look at the faces of other gorillas for communication.**

Search

Opinions

Punch Lines

Hints for Opinions

A 驚《おどろ》いたことは・・・
It's surprising that the famous gorilla named Koko learned a large number of hand signs.

B 聞いた話によると・・・
I've heard that gorillas are peace lovers. I wonder if it's true that they don't fight with other species, for example, chimpanzees.

Hint for Punch Lines

I wish I was as strong as a gorilla, but also as gentle.

ゴリラについて考えます。パンチラインのヒントにある通り、ゴリラのように強く穏やかに、というのは人類にとっても理想です。このような貴重な動物が絶滅しないように人間は頑張らなくてはなりません。I've heard that …(聞いた話によると～)が使えると便利です。

9 ハチミツは万能薬

Food 〈食べもの〉

Honey

ハチミツ

Sample Sentences ハチミツの不思議について知ろう。

Catchy Sentences

Honeybees visit flowers 200 times to produce one teaspoonful of honey!

Facts

I didn't know that honey was already eaten by the Egyptians around 1500 B.C.

Search

Opinions

Punch Lines

Hints for Opinions

A 信じられないことは・・・

I can't believe that about 20,000 honeybees work together to produce honey in one colony (box).

B 知って良かったことは・・・

It's good to know that honey is good for us because it has vitamins and minerals in it.

Hint for Punch Lines

Bees are known as hard workers. That's why there's the expression "as busy as a bee."

小さな体で花を何度も訪れ、ハチミツを作ってくれるのがミツバチです。パンチラインのヒントにある、「ハチのように忙しい」はミツバチが働き者の象徴だということですね。養蜂の歴史はとても古く、エジプト王朝にさかのぼるそうです。びっくりした時には、I can't believe that ...（信じられないことは〜）がぴったり。

10 サルだって入りたい

Nature〈自然〉

Hot Spring Effects

温泉の効能

Sample Sentences 温泉の効能について知ろう。

Catchy Sentences	People think some hot springs can heal physical problems such as knee pain, backache, and stiff shoulders.
Facts	Many samurai used hot springs to heal their wounds.
	Search
Opinions	
Punch Lines	

Hints for Opinions

A 信じていることは・・・
I believe that the biggest effect of hot springs is to make people feel relaxed.

B ニホンザルでさえ・・・
Even Japanese monkeys enjoy hot springs. Maybe they know the effects.

Hint for Punch Lines

I always fall asleep in hot springs just like the monkeys!

温泉の歴史は古く、その効能の捉え方は様々です。効能があると信じるから日本人は温泉に通い続けるのでしょう。あなたは医学派？　それとも娯楽派？　パンチラインのヒントでは、「サルも人間も温泉でついつい、うつらうつら」とあります。そんな微笑ましい光景が日本人をリラックスさせてくれます。

11 フルーツの王様は「ジャックさん」？

11 World

Food〈食べもの〉

Jackfruit

ジャックフルーツ

Sample Sentences ジャックフルーツについて知ろう。

Catchy Sentences

Jackfruit is the biggest fruit in the world. Some can be as long as 50-90 centimeters and weigh as much as 40-50 kilograms.

Facts

Some people say jackfruit is the most delicious fruit in the world.

Search

Opinions

Punch Lines

Hints for Opinions

A 想像できなかったことは・・・

I couldn't imagine that the inside of a jackfruit looks like grapes.

B 信じられないことは・・・

I can't believe that it grows on a tree.

Hint for Punch Lines

If you ate a whole jackfruit, you would surely burst!

ジャックフルーツはびっくりフルーツですよね。検索してその結果を楽しんでください。私はジャックフルーツを森で見たことも、市場で買って食べたこともありますが、何もかもびっくり。そんな時には、I couldn't imagine that ...(想像できなかったことは～)がぴったり。1個全部食べたらお腹が破裂する？　多分ね。

12 柔道、日本から世界へ

12 World

Sport 〈スポーツ〉

Judo

柔道《じゅうどう》

Sample Sentences 柔道《じゅうどう》は国際的なスポーツだということを知ろう。

Catchy Sentences: **Judo is an international sport. It became one of the Olympic sports in 1964.**

Facts: **Judo is popular in countries such as France, Mongolia, and Russia.**

Search

Opinions

Punch Lines

Hints for Opinions

A びっくりしたことは・・・

It's amazing that even very young children do judo in France.

B 理解したことは・・・

I understand that judo is popular in many countries, because people learn courtesy and respect.

Hint for Punch Lines

Q: What color will you be if you're bad at judo?
A: Black and blue! (bruises)

柔道の世界的な普及にはびっくりします。こんなことを言ったら日本の柔道家に叱られてしまいそうですが、今や日本より海外の方が人気があるらしいです。是非検索してみましょう。パンチラインのヒントに「下手な柔道家は何色？」とありますが、何色でしょう？　答えは黒と青(打ち身の色)。

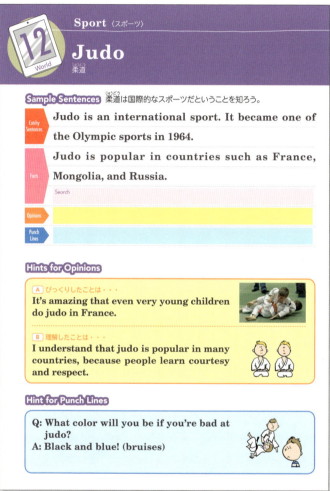

13 「カバディ」って知ってる？

Sport 〈スポーツ〉

Kabaddi

カバディ

World 13

Sample Sentences カバディというスポーツを知ろう。

Catchy Sentences: **Kabaddi is a unique sport! It's popular in such countries as Bangladesh, India, and Pakistan.**

Facts: **I've learned that kabaddi comes from an old hunting style without weapons.**

Search

Opinions

Punch Lines

Hints for Opinions

A おもしろいことは・・・

It's interesting that the players keep saying "kabaddi" in a quiet voice within one breath.

B 自分がしたいことは・・・

I want to play it once to understand the rules.

Hint for Punch Lines

It's really fun to watch, but I don't understand the rules!

カバディというスポーツですが、知れば知るほど不思議なスポーツです。しかし、元々は獲物を取り囲む狩猟方法の一種だったと聞けば、なんだか納得します。I've learned that ...（学んだことは～）と言う時こそ、いわゆる現在完了形がぴったりなのです。

14 古都鎌倉めぐり！

14 Japan

Places〈場所〉

Kamakura

鎌倉

Sample Sentences 鎌倉の魅力《みりょく》について知ろう。

Catchy Sentences

Kamakura was the ancient capital of the Kamakura period (around 1185-1333).

Facts

The Great Buddha of Kamakura has been sitting there for over 750 years.

Search

Opinions

Punch Lines

Hints for Opinions

A 楽しそうなことは・・・

A trip to Kamakura by Enoshima Electric Railway will be great fun.

B たくさんのセレブが住む理由は・・・

A lot of celebrities have lived in this city. I think it's because they can enjoy history, nature, and good food.

Hint for Punch Lines

I'd like to go to Kamakura because it's beautiful, but I also might see a TV celebrity I like!

神奈川県にある鎌倉は今でもとても素敵な場所です。勿論、大仏様が750年以上座り続けてくださっていますが、大仏様の他にも立派なお寺や神社がたくさんあります。一方、お洒落なホテルやカフェ、レストランもあるので、セレブもたくさん住んでいます。江ノ電もお勧めです。

15 おまじない、やってみる？

Culture〈文化〉

Knock on Wood

木をコツコツたたく

Sample Sentences 木をコツコツたたくという迷信《めいしん》を知ろう。

Catchy Sentences

One day, a friend of mine said, "I haven't been sick this year. Knock on wood!"

Facts

If you knock on wood, you can keep good things going and avoid bad things.

Search

Opinions

Punch Lines

Hints for Opinions

A 知って良かったことは・・・

It's good to know that some people say "Touch wood!"

B なぜだろうと思うのは・・・

I wonder why Western people believe wood has some power.

Hint for Punch Lines

"Knock on wood! My soccer team will win this weekend."

西洋人が急に机等をコツコツ叩いたら、いったい何事かとびっくりしますね。そのような風習について検索してみましょう。一種のおまじないや厄除けですが、世界にはいろいろな風習があります。「今週末、サッカーの試合に勝てますように。コツコツ!」とやってみるのはどうですか？

16 古代空中都市の謎

History〈歴史〉

16 World

Machu Picchu
マチュピチュ

Sample Sentences マチュピチュの不思議について知ろう。

Catchy Sentences: The Inca Empire built Machu Picchu 2,430 meters above sea level. Why?

Facts: The Inca people wanted to live in a safe place.

Search

Opinions

Punch Lines

Hints for Opinions

A おもしろいことは・・・
It's interesting that Cusco, the capital city of the Inca Empire, is 1,000 meters higher than Machu Picchu.

B 残念だったのは・・・
It was too bad that the Incas didn't have a writing system.

Hint for Punch Lines

I wish I could eat Inca potatoes.

謎が多いマチュピチュは不思議な古代空中都市です。歴史は苦手という人もこの手の話題なら好きかもしれません。重機のない時代にあれだけのものを、あれほどの高地にどうやって造ったのか、文字がない文化だったため、よくわからないままです。そこが人々の好奇心をかき立てるのです。すごいですね。

17 日本人科学者は日本の誇り

Science 〈科学〉

17 Nobel Prize
ノーベル賞

Sample Sentences 日本人科学者のノーベル賞受賞について知ろう。

Catchy Sentences
Twenty-three Nobel Prizes have been awarded to Japanese people, as of 2017.

Facts
The award ceremony is held on December 10th, the anniversary of Alfred Nobel's death.

Search

Opinions

Punch Lines

Hints for Opinions

A なぜだろうと思うのは・・・
I wonder why Japanese scientists' strong areas are physics, chemistry, physiology, and medicine.

B 誇《ほこ》りに思うことは・・・
I'm proud of our scientists, although I'm not good at science.

Hint for Punch Lines

If there was a Nobel Prize for telling bad jokes, or not doing my homework, I would have won it.

日本の研究者は優秀で、特に科学分野で多くのノーベル賞を受賞しています。そして誇るべきことは日本の科学者は頭が良いだけでなく、辛抱強く探究心も旺盛なことです。パンチラインのヒントに、「下手な冗談を言うとか、宿題をしないノーベル賞があったら、もらえるのにな〜」とありますが、そんなのあるかな。

18

雨にもいろいろあるけれど…

18 Japan

Nature〈自然〉

Rain

雨

Sample Sentences 日本の雨について知ろう。

Catchy Sentences	It rains a lot in Japan. We get twice as much rain as the world's average.
Facts	I learned that it rained the most in Kochi Prefecture in 2017.
	Search
Opinions	
Punch Lines	

Hints for Opinions

A 魅力的《みりょくてき》なのは・・・

It's fascinating that the Japanese language has many expressions for rain.

B 確信していることは・・・

I'm sure that all the rain makes Japan a very green country.

Hint for Punch Lines

I love the words of Kenji Miyazawa's poem: "I will not give in to the rain ..."

日本はよく雨が降る国です。外国の方にもそんな日本の気候について説明できるようになりましょう。「せっかく海外から観光に来たのに雨ばっかり」とこぼされたら、雨のよさについて語ってあげましょう。あなたは雨についてデータで語る科学派？　それとも情景について語る文学派？

19 トナカイって空を飛べる?

Living Things〈生きもの〉

Reindeer

トナカイ

19 World

Sample Sentences

トナカイの真実を知ろう。

Catchy Sentences: **Reindeer are useful animals because of their milk, fur, horns, and meat.**

Facts: **Reindeer live mainly in Finland, Norway, Canada, Russia, and so on.**

Search

Opinions

Punch Lines

Hints for Opinions

A 驚《おどろ》いたことは・・・

It's surprising that both male and female reindeer have huge antlers (horns).

B 移動する数は・・・

The migrating Siberian tundra reindeer in Russia sometimes number from 10,000 to 500,000.

Hint for Punch Lines

I think that the person who connected reindeer with Santa Claus was a genius.

なぜトナカイがサンタクロースのソリを引くようになったのか? 世界中の子どもにこれだけの影響力があるのですから、それを考えた人は絶対に天才です。トナカイは、サンタクロースとの関係があまりにも有名ですが、家畜としてのトナカイも興味深いものがあります。トナカイは1匹でも複数でもreindeerです。

20 冬の風物詩、雪まつり

Culture〈文化〉

Snow Festival

雪まつり

Sample Sentences さっぽろ雪まつりについて知ろう。

Catchy Sentences: **The Snow Festival in Sapporo is a huge winter festival.**

Facts: **A group of junior and senior high school students made the first snow sculptures in 1950.**

Search

Opinions

Punch Lines

Hints for Opinions

Ⓐ 魅力的《みりょくてき》なのは・・・

It's fascinating that some works are huge, but have finely made details.

Ⓑ 素晴《すば》らしいことは・・・

It's great that this festival attracts more than two million (2,000,000) visitors every year.

Hint for Punch Lines

I know it's strange, but I like to eat ice cream while I look at the snow sculptures.

さっぽろ雪まつりは、すごく大きなお祭りで冬の風物詩そのものです。そもそもの始まりは、その昔、中高生が６つの雪像を作ったというのですから面白いですね。雪の中で食べるアイスクリームは美味しいそうです。リード文でIt's fascinating that ...(魅力的なのは〜)と書けたらすごいです。

21 スパゲッティは歴史が長～い

21 World

Food〈食べもの〉

Spaghetti
スパゲッティ

Sample Sentences スパゲッティの起源を知ろう。

Catchy Sentences: **Some people say an Italian explorer Marco Polo brought spaghetti back from China in 1295.**

Facts: **It's commonly believed that Naples in Italy is the birthplace of spaghetti.**

Search

Opinions

Punch Lines

Hints for Opinions

A 言われていることは・・・

It's said that spaghetti making machines were invented in the 19th century. I'd like to make my own spaghetti with those machines.

B 無理だと思うことは・・・

I don't think it's possible to find out the true origin of spaghetti.

Hint for Punch Lines

It doesn't matter where spaghetti or noodles were invented, I love them all!

スパゲッティの起源を知ろうというテーマですが、これが諸説あってなかなか難しいのです。是非、皆さんもこの複雑な歴史にはまってください。パンチラインのヒントには、「スパゲッティとか麺類が、どこで発明されようが構わない。全部好き！」と書いてありますが、歴史を紐解くのも楽しいものです。

22 大気汚染はどこまで広がる？

22 World

Environment 〈環境《かんきょう》〉

Spreading Pollution

広がる汚染《おせん》

Sample Sentences PM2.5と黄砂《こうさ》について知ろう。

Catchy Sentences

Do you know anything about yellow sand and PM2.5?

Facts

Yellow sand is carried on high winds from the Gobi and Taklamakan Deserts.

Search

Opinions

Punch Lines

Hints for Opinions

A 怖《こわ》いことは・・・

It's scary that the particles of PM2.5 are as small as 1/30 (one-thirtieth) of a hair and can enter our lungs easily.

B 私たちがするべきことは・・・

We should be more conscious of air pollution problems.

Hint for Punch Lines

We all need to stop polluting the air we breathe!

公害の拡散について考えてみようというのがテーマです。とても重いテーマですし、公害といってもいろいろな種類がありますが、ここでは黄砂とPM2.5について書きましょう。パンチラインのヒントのように、人間は誰でも空気を吸う必要があるので、それを汚さないことはとても大切です。

23 ストーンヘンジの謎

23 World

Mystery 〈ミステリー〉

Stonehenge

ストーンヘンジ

Sample Sentences ストーンヘンジのなぞを知ろう。

Catchy Sentences
Nobody knows how Stonehenge was made, or what for.

Facts
Some people say that it was used for a space observatory or an altar.

Search

Opinions

Punch Lines

Hints for Opinions

A 信じがたいことは・・・

It's unbelievable that even though each stone can weigh up to 50 tons, they don't fall.

B 自分がする必要があることは・・・

I need to go to Stonehenge to check if it's a power spot.

Hint for Punch Lines

Maybe I can use the power of Stonehenge to save the environment!

ストーンヘンジは誰が、いつ、どのように、何のために建造したのか、謎に包まれています。パンチラインのヒントに「ストーンヘンジの力を使って、環境を良くする」とあります。Nobody knows ...(～を誰も知らない)や、Some people say that ...(～と言っている人がいる)の表現も使えると便利です。

24 強くなるなら、テコンドー

24 World

Sport 〈スポーツ〉

Taekwondo

テコンドー

Sample Sentences テコンドーというスポーツを知ろう。

Catchy Sentences	**Taekwondo originally comes from Korea. It's one of the Olympic sports.**
Facts	**Data shows that 70,000,000 (seventy million) people in 207 countries and regions do taekwondo.**
	Search
Opinions	
Punch Lines	

Hints for Opinions

A わかったことは・・・

Now I know that "tae" means "kick," "kwon" means "fist," and "do" means "way," the same as in judo, kendo, and aikido.

B 魅《み》力《りょく》的《てき》なのは・・・

It's fascinating how high they can kick and how quickly they can punch.

Hint for Punch Lines

Donkeys can kick very hard. It would be very scary if donkeys could do taekwondo.

韓国から始まったスポーツで、どうすればあんなに素早く回し蹴りができるのか…ただただ驚異です。Now I know that ... (わかったことは〜)もよい表現です。パンチラインのヒントで「ロバは蹴るのがとても強いので、もしテコンドーができたら怖いな〜」とありますが、本当に対戦したらどっちが勝つでしょうか？

25 歯の妖精がやってくる

Culture 〈文化〉

Tooth Fairy

歯の妖精《ようせい》

Sample Sentences 歯の妖精《ようせい》という迷信《めいしん》を知ろう。

Catchy Sentences: **When children lose a baby tooth, what do they do?**

Facts: **In some countries, the tooth fairy comes during the night, takes the baby tooth, and leaves a coin under the pillow.**

Search

Opinions

Punch Lines

Hints for Opinions

A 確信していることは・・・

I'm sure that the tooth fairy makes children feel better when they lose their teeth.

B 自分がしたかったことは・・・

I wanted to wait for the tooth fairy to come.

Hint for Punch Lines

I wonder what the tooth fairy does with all the teeth. There must be a lot!

子ども達の乳歯が抜けた時に、枕の下にそれを置いておくと夜の間に歯の妖精が来て、歯を持って行く代わりにコインを置いていってくれるという風習です。パンチラインのヒントは「歯の妖精はたくさん集まった歯をどうしているのか？」とあります。どうするのかな？　baby tooth（乳歯）、adult tooth（永久歯）。

26 火山の恐怖と恩恵

Nature〈自然〉

26 Volcanoes
火山

Sample Sentences 火山の恐怖《きょうふ》と恩恵《おんけい》について知ろう。

Catchy Sentences	**Many Japanese mountains are active volcanoes.**
Facts	**The most recent data shows that the number of active volcanoes is 111.**
	Search
Opinions	
Punch Lines	

Hints for Opinions

A 残念なことは・・・
I feel bad that some mountain climbers and hikers are sometimes affected by volcanic eruptions.

B 自分がなるほどと思うことは・・・
It makes sense to me that people in the Edo period called volcanoes "hell" and hot springs "paradise."

Hint for Punch Lines

My dad has a volcanic eruption if we talk while he's watching news on TV.

恐ろしい火山とその恩恵とも言える温泉。このような考えは江戸時代からあったそうです。It makes sense to me that ...（自分がなるほどと思うことは～）の表現は洒落ています。パンチラインのヒントに「お父さんがニュースを見ている時に話をしていると、火山のように噴火が起きる」とあります。怖そう。

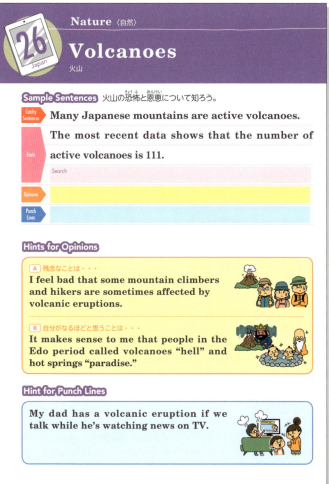

27 ついつい熱くなりすぎちゃう

Sport 〈スポーツ〉

27 World Watching Sport

スポーツ観戦

Sample Sentences スポーツ観戦について知ろう。

Catchy Sentences

Three billion five hundred million (3,500,000,000) supporters watch soccer (football) games every year.

Facts

Data from one ranking shows that the top five most popular sports in the world are soccer, basketball, cricket, golf, and tennis.

Search

Opinions

Punch Lines

Hints for Opinions

A そのほか人気のスポーツは・・・

Other popular sports are ice hockey, volleyball, rugby, boxing, and baseball.

B 信じていることは・・・

I believe that watching sport is an important part of modern human life.

Hint for Punch Lines

Sport is what we have instead of war.
Let's have more sport and less war!

世界中でスポーツ観戦は増々盛んになっています。集客数が一番多いのはサッカーですが、その後のランキングは日本人が思っているランキングとだいぶ感触が違いますね。パンチラインのヒントは「スポーツは人類が戦争をする代わりにするもの。スポーツを増やして戦争を減らそう！」です。one billion（10億）

28 無重力体験してみたい？

28 World

Science〈科学〉

Weightlessness

無重力

Sample Sentences 無重力について知ろう。

Catchy Sentences: **Do you want to experience weightlessness?**

Facts: **If you want to become an astronaut, you have to go through training to endure up to nine gees (9 g).**

Search

Opinions

Punch Lines

Hints for Opinions

A 知って良かったことは・・・

It's good to know that you can have an experience of weightlessness in a small jet based at Nagoya Airport.

B 怖《こわ》いことは・・・

It's scary when your body feels pressed at two gees (2 g).

Hint for Punch Lines

The problem is your body doesn't know which way is up and which way is down.

無重力体験をしてみたいですか？　人間の体にg(重力による加速度)がかかるとどんなことが起きるのか、半分怖いけど半分やってみたいですね。パンチラインのヒントは「自分の体が上を向いているのか、下を向いているのかわからない」とあります。想像を超える体験ができることはいつでもわくわくします。

29 クジラの歌は愛の歌

Living Things 〈生きもの〉

29 World

Whale Songs

クジラの歌

Sample Sentences クジラの歌について知ろう。

Catchy Sentences
Humpback whales sing. Their songs sound like squeaks or whistles.

Facts
It's well known that their songs are used to express love or to communicate with each other.

Search

Opinions

Punch Lines

Hints for Opinions

A 驚《おどろ》いたことは・・・

It's surprising that their songs can continue from several minutes to half an hour.

B なぜだろうと思うのは・・・

I wonder why their songs can be heard thousands of kilometers away. For example, they can be heard from Japan to Hawaii.

Hint for Punch Lines

It must be hard for whales to keep secrets if all the other whales can hear them thousands of kilometers away!

ザトウクジラは歌を歌い、それは水中を伝って日本からハワイまで聞こえるって本当なの？ と思うのですが検索してみてください。クジラの歌は時には30分以上も続く、それが恋の歌となるとかなりロマンチックな話でもあります。It's well known that ... （よく知られているのは～）

30 イエティの真実

30 World

Mystery 〈ミステリー〉

Yetis
イエティ

Sample Sentences イエティの真実を知ろう。

Catchy Sentences: People have been afraid of Yetis for a long time in the mountains of Tibet and Nepal.

Facts: It's historic that the recent research using DNA proved they were huge bears!

Search

Opinions

Punch Lines

Hints for Opinions

A 理解したことは・・・

I understand why some villagers believed Yetis were three meters tall. The villagers were just scared.

B 印象的なことは・・・

The modern research technologies are impressive.

Hint for Punch Lines

Bears sound less scary than Yetis, but I don't want to meet either when I'm in Tibet or Nepal.

イエティの絵を見たことがある人も多いでしょう。とても怖そうに描かれていますが、最近のDNA検査の結果で、正体がわかったそうです。パンチラインのヒントにある通りクマの方がイエティよりsound less scary（怖くなさそう）ですが、どちらにも遭遇したくないですね。しかし、映像だけなら見てみたいかも。

あとがき

松香フォニックス研究所（現ｍｐｉ松香フォニックス）という組織を立ち上げ、フォニックスの普及から始めた私の仕事は40周年を迎えようとしています。その記念すべき時に、フォニックスの次に何かを示すＴＡＧＡＫＩを出版できたことは嬉しいかぎりです。

また、２０２０年という大きな教育改革の年を迎えるにあたって、これからの子ども、生徒、学生、社会人の皆様に学んで頂きたいこと、つまり、考えること、判断すること、そして表現することのプロセスを示す本書を出せたことは、なんとラッキーなことでしょう。

この本と、ＴＡＧＡＫＩ５冊のワークブックの出版については、この企画が生まれる瞬間から最後まで共に歩んでくれた近藤理恵子さんに「ありがとう」を言いたいです。また、教室で教えるという立場から何度も相談に乗ってくれた粕谷みゆきさん、英語のチェックとパンチラインを書いてくれたグレンさん、日夜編集に取り組んでくれた及川さん、畠山さん、長谷川さん、そしてトライアルに協力して下さった生徒の皆様とその指導者の方々。その他、お世話になった多くの皆様に心から感謝申し上げます。

２０１８年10月11日　　松香洋子

松香洋子（まつか ようこ）

玉川大学文学部英米文学科、早稲田大学英語学専攻科卒業、カリフォルニア州立大学大学院修了。オランダユトレヒト大学客員研究員として英語教育を研究。現在、株式会社mpi 松香フォニックス名誉会長、J－SHINE小学校英語指導者認定協議会理事、放送大学教員免許更新講習講師。日本にはじめて本格的にフォニックス学習を導入、松香フォニックス研究所を設立。読み書き指導中心の日本の英語教育に疑問を持ち、35年以上に亘り「英語でコミュニケーションができ、国際的なマナーを身につけた子ども」を育てる児童英語教育の普及に貢献してきた。のべ2000件を超える全国の小学校・自治体・英語教育機関で講演・顧問・研修活動を行う。著書多数。2005年 宮沢賢治学会イーハトーブ賞奨励賞受賞。2008年 英国国際教育研究所第一回国際言語教育賞「ことばと教育」児童英語教育部門伊藤克敏賞受賞。

参考文献

N. Undarmaa.（2015）*English Speaking and Writing 201 Topics*, Ulaanbaatar
Jane Parker Resnick.（2002）*The Big Book of Questions and Answers*, Kidsbooks
Julienne Laidlaw. (2012) *Year 5 Naplan－style Writing*, Hinkler Books Pty Ltd

英語、書けますか
—TAGAKI®（多書き）のすすめ—

2018年10月11日　第1刷発行
2019年 6月17日　第3刷

著　　者　松香洋子
協　　力　近藤理恵子・粕谷みゆき
　　　　　株式会社留学ジャーナル 澤玲子
編　　集　株式会社カルチャー・プロ
装丁デザイン　キガミッツ KIGAMITTSU
　　　　　有限会社トライアングル
装丁イラスト　たつみなつこ
印　　刷　新日本印刷株式会社
発 行 者　株式会社mpi松香フォニックス
　　　　　〒151-0053
　　　　　東京都渋谷区代々木2-16-2 甲田ビル2F
　　　　　phone 03-5302-1651　fax 03-5302-1652
　　　　　URL https://www.mpi-j.co.jp

ISBN978-4-89643-600-6